GRUPOS DE SOCIEDADES
AQUISIÇÕES TENDENTES AO DOMÍNIO TOTAL

J. M. COUTINHO DE ABREU
Professor da Faculdade de Direito
da Universidade de Coimbra

ALEXANDRE SOVERAL MARTINS
Assistente da Faculdade de Direito
da Universidade de Coimbra

GRUPOS DE SOCIEDADES
AQUISIÇÕES TENDENTES AO DOMÍNIO TOTAL

TÍTULO:	GRUPOS DE SOCIEDADES AQUISIÇÕES TENDENTES AO DOMÍNIO TOTAL
AUTORES:	J. M. COUTINHO DE ABREU, ALEXANDRE SOVERAL MARTINS
EDITOR:	LIVRARIA ALMEDINA – COIMBRA www.almedina.net
LIVRARIAS:	LIVRARIA ALMEDINA ARCO DE ALMEDINA, 15 TELEF. 239 851900 FAX 239 851901 3004-509 COIMBRA – PORTUGAL livraria@almedina.net
	LIVRARIA ALMEDINA ARRÁBIDA SHOPPING, LOJA 158 PRACETA HENRIQUE MOREIRA AFURADA 4400-475 V. N. GAIA – PORTUGAL arrabida@almedina.net
	LIVRARIA ALMEDINA – PORTO R. DE CEUTA, 79 TELEF. 22 2059773 FAX 22 2039497 4050-191 PORTO – PORTUGAL porto@almedina.net
	EDIÇÕES GLOBO, LDA. R. S. FILIPE NERY, 37-A (AO RATO) TELEF. 21 3857619 FAX 21 3844661 1250-225 LISBOA – PORTUGAL globo@almedina.net
	LIVRARIA ALMEDINA ATRIUM SALDANHA LOJAS 71 A 74 PRAÇA DUQUE DE SALDANHA, 1 TELEF. 213712690 1050-094 LISBOA atrium@almedina.net
	LIVRARIA ALMEDINA – BRAGA CAMPUS DE GUALTAR, UNIVERSIDADE DO MINHO, 4700-320 BRAGA TELEF. 253678822 braga@almedina.net
EXECUÇÃO GRÁFICA:	G.C. – GRÁFICA DE COIMBRA, LDA. PALHEIRA – ASSAFARGE 3001-453 COIMBRA E-mail: producao@graficadecoimbra.pt
	MARÇO, 2003
DEPÓSITO LEGAL:	193590/03
	Toda a reprodução desta obra, por fotocópia ou outro qualquer processo, sem prévia autorização escrita do Editor, é ilícita e passível de procedimento judicial contra o infractor.

NOTA DE APRESENTAÇÃO

O trabalho que aqui se publica resulta de um parecer dado pelos autores há mais de um ano.

Omitem-se, porém, os nomes verdadeiros de pessoas, localidades, etc. Afora isso e alguns desenvolvimentos em II.2. (presentes já em apostilha ao parecer entretanto apresentada – mas sem qualquer mudança substancial da linha originária), o texto mantém-se praticamente na mesma. Também a complexidade factual a isso nos aconselhou.

Parece-nos justificar-se que os juristas portugueses tenham acesso a este estudo. As questões analisadas têm sido muito pouco tratadas entre nós. Por outro lado, parece que a prática societária vem suscitando crescentemente tais questões.

Coimbra, Março de 2003.

Os Autores

I
CONSULTA

1. A AAA, SGPS, S. A., intentou no Tribunal de Comarca de ZZ uma acção declarativa sob a forma de processo ordinário contra BBB II, SGPS, S. A..

2. Nessa acção pede a Autora que seja «declarada nula a aquisição feita pela Ré das 415.551 acções que a Autora detinha no capital social da sociedade PPP, SGPS, S. A., através da escritura pública outorgada pela Ré no Primeiro Cartório de ZZ em 22 de Dezembro de 2000, ao abrigo do disposto no artigo 490.º do CSC» ou, se assim se não entender, que a Ré seja «condenada a pagar à Autora a quantia de 7.882$00, como contrapartida da aquisição de cada uma das acções que a Autora detinha no capital social da sociedade PPP, SGPS, S. A., através da escritura pública outorgada pela Ré no Primeiro Cartório de ZZ em 22 de Dezembro de 2000, ao abrigo do disposto no artigo 490.º do CSC» e ainda que a Ré seja condenada «no pagamento das custas e demais encargos».

3. A aquisição acima referida das acções da sociedade PPP, SGPS, S. A., (PPP) teve lugar na sequência de oferta de aquisição realizada pela Ré ao abrigo do disposto no art. 490.º do CSC.

8 *Grupos de Sociedades. Aquisições tendentes ao Domínio Total*

4. Essa oferta foi apresentada pela Ré depois de esta se ter tornado titular de acções representativas de 97,39 % do capital social da PPP, em consequência de aumento de capital da Ré por entradas em espécie deliberado em Assembleia Geral que teve lugar em 20/10/2000, tendo a respectiva escritura sido realizada em 06/11/2000[1].

5. Em 16/11/2000, o Conselho de Administração da Ré deliberou aprovar uma oferta de aquisição das acções dos restantes accionistas da PPP[2].

6. Em 22/12/2000, no Primeiro Cartório Notarial de ZZ, realizou-se a escritura de aquisição das acções da PPP que a Ré ainda não tinha adquirido[3].

7. O preço oferecido pela Ré foi de 2.267$00 por acção. Esse preço terá sido objecto de «consignação em depósito» no RRR – BANCO, S. A.[4].

8. A Ré fundamentou o preço oferecido com um relatório elaborado pelo Revisor Oficial de Contas (ROC) Dr. SSS[5], que a

---

[1] Cfr., respectivamente, Docs. n.°s 14 e 10 juntos com a Petição Inicial, não sendo nossa opinião que a Ré tenha impugnado o conteúdo do Doc. n.° 10, não obstante o alegado no art. 27.° da Contestação, visto que confirma o teor do mesmo nos arts. 51.° e 59.° do referido articulado; veja-se ainda, quanto ao Doc. n.° 14, o alegado no art. 49.° da Contestação). Todos os Docs. que citarmos foram juntos com a Petição Inicial.

[2] Cfr. Doc. n.° 25 junto com a Petição Inicial.

[3] Cfr. Doc. n.° 23 junto com a Petição Inicial.

[4] Cfr. Docs. n.°s 21 e 23 juntos com a Petição Inicial.

[5] Cfr. Doc. n.° 24 junto com a Petição Inicial e arts. 73.°, 74.°, 125.° e ss. e 159.° da Contestação.

Autora não considera um ROC independente de acordo com o sentido que deve ser dado ao art. 490.°, 2, do CSC.

9. A Autora, para sustentar essa sua posição, alega, no art. 102.° da Petição Inicial, que «o Revisor Oficial de contas que elaborou o relatório era o Fiscal Único da Ré à data da elaboração do relatório, bem como era o Fiscal Único de todas as *holdings* referidas em 67.°, com excepção da FFF, que são as sócias da Ré».

10. A Autora apresenta com a Petição Inicial documentos emitidos pela Conservatória do Registo Comercial de ZZ dos quais resulta que foi registada em 31/07/00 a designação da NNN, OOO e Associados, SROC, representada pelo ROC Dr. SSS, como Fiscal Único da **«MMM-SGPS, S A»** (Doc.15); que foi registada em 12/07/99 a designação da NNN, OOO e Associados, SROC, representada pelo ROC Dr. SSS, como Fiscal Único da **«LLL, S. A.»** (Doc. 16); que foi registada em 21/01/00 a designação da NNN, OOO e Associados, SROC, representada pelo ROC Dr. SSS, como Fiscal Único da **«JJJ, SGPS, S. A.»** (Doc. 17); que foi registada em 26/06/00 a designação da NNN, OOO e Associados, SROC, representada pelo ROC Dr. SSS, como Fiscal Único da **«KKK, SGPS, S. A.»** (Doc. 18); que foi registada em 29/06/00 a designação da NNN, OOO e Associados, SROC, representada pelo ROC Dr. SSS, como Fiscal Único da **«III, SGPS, S. A.»** (Doc. 19); que foi registada em 30/04/99 a designação da NNN, OOO e Associados, SROC, representada pelo ROC Dr. SSS, como Fiscal Único da **«HHH, SGPS, S. A.»** (Doc. 20).

11. A Autora apresenta cópia da acta n.° 5 da Assembleia Geral da «BBB II», realizada em 20/10/2000[6], e cópia de escritura

---

[6] Doc. n.° 14 junto com a Petição Inicial.

de «Aumento de capital e alteração» realizada em 06/11/2000[7] de que resulta serem, naquelas datas, sócias da Ré as referidas **«LLL, S.G.P.S»**, **«MMM-SGPS, S. A.»**, **«JJJ, SGPS, S. A.»**, **«KKK, SGPS, S. A.»**, **«III, SGPS, S. A.»**, **«HHH MOBILIÁRIAS, SGPS, S. A.»**, e ainda a **«FFF, S.G.P.S., S. A.»** e a **«GGG, S.G.P.S., S. A.»**.

12. A Autora alega também, nos arts. 103.º e 104.º da Petição Inicial, que «tendo o relatório sido elaborado em 16 de Setembro de 2000, verifica-se pela certidão de Registo Comercial da Ré (Doc. n.º 13) que, nessa data, o signatário do relatório, SSS, em representação de NNN, OOO e Associados, SROC (...)», «era quem, em representação da mesma SROC, formava o Fiscal Único da Ré».

13. Do Doc. 13 junto com a Petição Inicial também resulta que estava registada desde 19/4/00 a nomeação de NNN, OOO & Associados, SROC, representada pelo Dr. SSS, como Fiscal Único da Ré.

14. A Ré estriba a sua defesa, quanto a este ponto, na existência de dois erros[8]. Em primeiro lugar, aquilo que estava registado continha um erro resultante de lapso do documento que serviu de base ao registo[9]: o Fiscal Único proposto era a DD & EE, SROC, representada pelo Dr. DD, e não a NNN, OOO & Associados, SROC, representada pelo Dr. SSS[10]. Em segundo lugar, a data de elaboração do relatório não era a dele constante – 16/09/00 –, mas sim outra posterior – 16/11/00[11].

---

[7] Doc. n.º 10 junto com a Petição Inicial.

[8] Que a Autora não aceita, de acordo com o que se pode ler nos arts. 38.º e 70.º da Réplica.

[9] Arts. 104.º-120.º da Contestação.

[10] Arts. 107.º e ss. da Contestação.

[11] Cfr. arts. 163.º-168.º da Contestação.

15. A Ré, na sua contestação, alega que a rectificação da nomeação do respectivo Fiscal Único foi registada com data de 20/11/00. É essa também a data que consta do documento que a Autora junta como Doc. 13 com a Petição Inicial. A data referida foi ainda a que foi adiantada pela Autora no art. 202.° da Petição Inicial.

16. É-nos solicitado parecer acerca das seguintes questões:

A) Pode ou não dizer-se que o ROC Dr. SSS é independente, no sentido com que o termo é utilizado no art. 490.°, 2, do CSC, se se der como provado que NNN, OOO e Associados, SROC, representada pelo ROC Dr. SSS, era, na data em que foi elaborado o relatório exigido por aquele preceito legal, a sociedade designada para desempenhar as funções de Fiscal Único, representada pelo referido ROC, em sociedades que eram sócias da Ré?

B) A consignação em depósito exigida pelo art. 490.°, 4, do CSC só pode ser realizada mediante o recurso ao processo especial de consignação em depósito previsto nos arts. 1024.° e ss. do CPC ou pode antes ser realizada em qualquer instituição de crédito?

C) Tendo em conta o que resulta dos documentos juntos com a Petição Inicial, o que resulta dos articulados e em particular atendendo aos factos confessados pela Ré, a aquisição por esta última das acções dos sócios restantes da PPP, ao abrigo do disposto no art. 490.° do CSC, terá sido realizada com abuso de direito?

D) Se uma sociedade dominante faz a oferta de aquisição das participações dos restantes sócios prevista no art. 490.° do CSC, estes últimos sócios estão ou não impedidos de requerer ao tribunal que fixe o valor em dinheiro das acções ou quotas adquiridas pela sociedade e que condene a sociedade dominante a pagar-lho?

Foram-nos facultadas cópias dos seguintes documentos: Petição Inicial (incluindo documentos juntos a esta), Contestação e Réplica.

Na resposta às questões que nos foram apresentadas, teremos o cuidado de apenas dar como assentes os factos que se nos afiguram provados por documentos juntos com a Petição Inicial de teor não impugnado pelas partes ou que, na nossa opinião, devem ser dados como provados por acordo atendendo ao teor dos articulados. Além disso, assumiremos como verdade que, na altura da oferta de aquisição de acções da PPP apresentada pela Ré, aquela não era uma sociedade aberta.

II
RESPOSTAS

1. A falta de independência do ROC

O art. 490.° do CSC prevê a possibilidade de uma sociedade[12] que disponha[13] de quotas ou acções correspondentes a, pelo menos, 90% do capital de outra sociedade adquirir as participações dos restantes sócios nesta última sociedade. Para isso, a sociedade dominante terá de fazer uma oferta de aquisição dessas outras participações, mediante uma contrapartida[14] que, no dizer do n.° 2 do referido preceito, deverá ser «justificada por relatório elaborado por revisor oficial de contas independente das sociedades interessadas».

A contrapartida oferecida pela sociedade Ré foi, segundo resulta das posições assumidas pelas partes nos articulados, efectivamente justificada por relatório elaborado por um ROC. Do alegado nos arts. 102.° a 104.° da Petição Inicial e do alegado no art. 107.° da Contestação retira-se que o relatório em causa foi elaborado pelo Dr. SSS, não sendo posto em causa pela Ré que este último seja ROC.

---

[12] Por quotas, anónima ou em comandita por acções.

[13] Por si ou juntamente com outras sociedades ou pessoas mencionadas no n.° 2 do art. 483.°

[14] Em dinheiro ou nas suas quotas, acções ou obrigações.

Antes de avançarmos no estudo das questões postas na consulta, impõe-se dar alguma atenção a uma outra interrogação: depois de registada a nomeação do Fiscal Único de uma sociedade anónima, qual o valor da rectificação que tenha lugar quanto à identidade desse Fiscal Único, designadamente no que diz respeito ao período que medeia entre a data do registo da nomeação e a data do registo da rectificação?

O registo de rectificação que tenha por base, por exemplo, uma *rectificação da acta* realizada pelos membros da mesa da Assembleia Geral[15] será o registo de um facto relativo à sociedade que só é oponível a terceiros nos termos do disposto no art. 168.° do CSC. E deste preceito resulta que os factos sujeitos a registo ou a registo e publicação *não podem ser opostos pela sociedade a terceiros antes do registo*. Ou seja, a sociedade não podia opor a terceiros, antes do registo da rectificação da designação do Fiscal Único, a rectificação dessa designação[16].

Isto quer dizer que antes, pelo menos, do registo da rectificação, a entidade que surgisse registada como Fiscal Único tinha essas funções na sociedade relativamente a terceiros.

É certo que, de acordo com o disposto no art. 50.° do DL 487/ /99, de 16 de Novembro, não tendo havido consentimento expresso do ROC designado como Fiscal Único, tanto a designação como o seu registo seriam inválidos. Atendendo ao disposto no n.° 7 do referido artigo, a invalidade parece ser a nulidade: cfr. os arts. 294.° e 295.° do Código Civil.

Claro está que, se tiver havido um erro na elaboração de acta que tenha servido de título para o registo da nomeação inicial, não

---

[15] Diz-se no art. 109.° da Contestação: «tendo os membros da mesa da Assembleia Geral procedido por acordo unânime à rectificação da transcrição da proposta da única accionista na indicada acta logo no dia 23 de Outubro (...)».

[16] Sobre os efeitos do registo comercial, v. COUTINHO DE ABREU, *Curso de direito comercial*, I, 2.ª ed., Almedina, Coimbra, 2000, p. 173, s.

chegaria a haver verdadeira designação e por isso não haveria designação ou registo inválidos por força do disposto no art. 50.° do DL 487/99. Mas, como é sabido, também dispõe o art. 11.° do CRCom. que *o registo definitivo constitui presunção de que existe a situação jurídica, nos precisos termos em que é definida*[17]. E a rectificação da designação não poderia produzir efeitos em relação a terceiros pelo menos até ao registo dessa mesma rectificação.

Se, porém, o registo da designação for nulo, essa nulidade, nos termos do disposto no art. 22.°, 3, do CRCom., só pode ser invocada depois de declarada por decisão com trânsito em julgado.

As conclusões a extrair do que se disse são claras: se em determinada data um ROC tem o seu nome no registo comercial como sendo quem representa uma SROC enquanto Fiscal Único de uma sociedade anónima, e enquanto essa situação não for alterada, presume-se que o Fiscal Único da Ré é a referida SROC, representada pelo ROC em causa. E se a sociedade anónima onde o ROC desempenha essas funções é sociedade dominante de outra sociedade e quiser lançar mão do mecanismo previsto no art. 490.° do CSC para adquirir as participações dos sócios minoritários, os terceiros têm de considerar que esse ROC não é independente relativamente à sociedade anónima dominante, pelo que não poderia elaborar o relatório referido naquele dispositivo legal[18].

---

[17] FERREIRA DE ALMEIDA, *Publicidade e teoria dos registos*, Almedina, Coimbra, 1966, p. 304, escrevia assim: «Por um lado, existe a presunção de que o registo é *integral*, isto é, que nada existe para além dele; por outro lado, que é *exacto*, isto é, conforme com a realidade extra-registral».

[18] A Ré alegou, porém, que a data em que o relatório foi elaborado não foi a que dele consta – 16/9/00 –, mas sim outra posterior: 16/11/00. *Ou seja, depois de sustentar que o relatório do ROC é um documento autêntico que só poderia ser impugnado mediante o incidente de falsidade, disse a Ré que a data constante do documento autêntico não correspondia à verdadeira data.* Ainda assim, porém, *a data que a Ré atribui ao referido relatório sempre é uma data anterior à data em que foi registada a rectificação da designação do fiscal Único da Ré:*

16   *Grupos de Sociedades. Aquisições tendentes ao Domínio Total*

Contudo, poderá considerar-se que a rectificação da designação do Fiscal Único tem eficácia retroactiva[19]. Essa conclusão é sugerida pelo disposto no art. 85.º do CRCom., na redacção então em vigor[20]: «A rectificação do registo não prejudica os direitos adquiridos a título oneroso por terceiros de boa fé, se o registo dos factos correspondentes for anterior ao registo da rectificação ou da pendência do respectivo processo»[21]. Se a rectificação não prejudica esses direi-

---

20/11/00. Na data que a Ré indica como tendo sido aquela em que foi elaborado o relatório, portanto, a rectificação da designação também não era ainda oponível a terceiros. Nessa data, o que constava do registo tinha de ser presumido verdadeiro. A Ré recorda inclusivamente ao Tribunal que o ROC apenas foi «formalmente» nomeado para os referidos efeitos no dia 10 de Novembro de 2000. Recordamos, pelo nosso lado, que a data que a Ré considera a data de elaboração do relatório foi também a data em que o Conselho de Administração da Ré deliberou o lançamento da oferta de aquisição. Isto é, *no mesmo dia* 16/11/00, terá tido lugar *a elaboração do relatório do ROC e a deliberação do Conselho de Administração.*

[19] Cfr. MOUTEIRA GUERREIRO, *Noções de direito registral*, Coimbra Editora, Coimbra, 1993, p. 266: «Produzindo a rectificação, em geral, efeito *ex tunc* (...)».

[20] Mas veja-se hoje o art. 83.º do CRC, na redacção dada pelo DL 273/01, de 13/10.

[21] Não nos repugna até admitir que o terceiro de boa fé não pode ser prejudicado nos direitos que adquiriu se se verifica uma situação como a dos autos. Isto é: se foi registada a nomeação de um Fiscal Único da Ré mas depois se rectifica esse registo, tal rectificação não prejudicará os direitos adquiridos de boa fé por terceiros. *Não prejudicará, designadamente, o direito adquirido por terceiro de invocar judicialmente que o ROC responsável pelo relatório justificativo da contrapartida da oferta de aquisição não era independente*, relativamente às sociedades interessadas, porque na altura estava registado como representante da SROC que surgia como Fiscal Único da sociedade dominante. Nem se diga que esse direito não estava registado: o que a lei exige é o registo do «facto correspondente», não do direito. Não havendo «facto correspondente» a registar, a exigência cai. A propósito de problema semelhante, são esclarecedoras as palavras de FERREIRA DE ALMEIDA, *Publicidade...*, p. 315, quanto ao disposto no art.

tos, dir-se-á que prejudicará todos os outros direitos. Julgamos, no entanto, que esta conclusão não respeita as premissas de que necessariamente deve partir. É que o art. 85.° do CRCom. tratava da aquisição de direitos por terceiros. E não é disso que estamos aqui a falar. Agora estamos a ver o que era ou não oponível a terceiros na data em que o relatório do ROC foi elaborado; estamos a ver o que é que, também no momento presente, deve ser considerado como oponível a terceiros na data em que o relatório do ROC foi elaborado.

Vamos dar de barato que a NNN, OOO & Associados, SROC, representada pelo Dr. SSS, não era Fiscal Único da sociedade dominante na altura em que foi elaborado o relatório. Vamos dar de barato que não é relevante, para efeitos do disposto no art. 490.°, 2, do CSC, o facto de à data da elaboração do relatório do revisor oficial de contas se presumir como verdadeiro o que constava do registo[22].

83.° do CRP então em vigor («A nulidade do registo ou do seu cancelamento sòmente desde a data do registo da competente acção prejudica os direitos de terceiros que ao tempo desse registo não se achavam ainda inscritos»), aplicável também no âmbito do registo comercial: «a referência à prévia inscrição de direitos por terceiros não implica uma condição necessária para o benefício da fé pública, mas um requisito para a inatacabilidade dos direitos registados com base em registo nulo, mesmo depois da sua declaração de nulidade. Não há, pois, objecção para a aplicabilidade do preceito a todos os factos sujeitos a registo comercial». E também se pode dizer, quanto ao art. 85.° do CRCom. (na redacção anterior ao DL 273/01), que a referência ao prévio registo dos «factos correspondentes» é um requisito para a inatacabilidade dos direitos registados com base em registo rectificado ou pendente de rectificação judicial, mesmo depois da rectificação. Mas não é uma condição necessária para o benefício da fé pública.

[22] Quanto à legalidade da rectificação da nomeação do Fiscal Único da Ré, deixamos aqui apenas algumas questões. A rectificação do registo foi feita com base numa rectificação de acta *assinada apenas pelos membros da mesa* numa altura em que já não parece ser sócia da BBB II a própria PPP, que foi a sócia

É então necessário saber se *um ROC que exerce funções em sociedades que são sócias da sociedade dominante é ou não um ROC independente relativamente à sociedade dominante.*

Convém desde já dizer o seguinte. O ROC tem de ser independente em relação às sociedades interessadas. A sociedade dominante e a sociedade dominada são, certamente, «sociedades interessadas».

Dirão alguns que são apenas essas as sociedades interessadas. Mesmo que assim fosse, isso não pode afastar a possibilidade de apreciar a independência em relação à sociedade dominante e em relação à sociedade dominada *tendo em conta a independência em relação a sócios da sociedade dominante ou a sócios da sociedade dominada.* Sócios esses que tanto podem ser pessoas singulares como pessoas colectivas.

Contudo, em nossa opinião, as sociedades interessadas não podem deixar de ser também as sociedades que são sócias das sociedades dominante e dominada. Elas serão também interessadas tendo em conta que *o fim social da sociedade dominante e da sociedade dominada é precisamente a obtenção de lucros para distribuir pelos sócios.* Não se pode aliás deixar de observar que os sócios da sociedade dominante são membros necessários de um órgão dessa sociedade: a colectividade de sócios (ou assembleia geral, como vulgarmente é designada). O ROC de uma sociedade que, por sua vez, seja sócia da sociedade dominante é, pois, um ROC de um membro do órgão colectividade dos sócios.

É certo que as sociedades dominante e dominada podem ter como sócios pessoas singulares. E também é certo que apenas se refere na lei a necessidade de *independência relativamente às sociedades interessadas.* Somos no entanto da opinião que isso se ficou a dever a uma única razão: *a lei só se referiu aos casos que tomou como regra e que são aqueles em que o ROC desempenha funções numa sociedade.* Mas isso não quer dizer que o mesmo tratamento não deva valer também para os casos em que *o ROC não é independente relativamente a pessoas singulares que são sócias da sociedade dominante ou da sociedade dominada.*

Nem se diga que o legislador nunca considera como relevante a posição que o ROC tenha relativamente a sócios de uma sociedade em que exerça funções. Basta ver o art. 28.°, 2, do CSC[23]: «O revisor que tenha elaborado o relatório exigido pelo n.° 1 não pode (...) exercer quaisquer cargos ou funções profissionais na mesma sociedade ou em sociedades em relação de domínio ou de grupo com aquela»[24]. Basta ver também o disposto na al. e) do n.° 3 do art.

única que votou na Assembleia Geral em que teve lugar a nomeação do Fiscal Único. É preciso ver que, tendo em conta a versão da Ré, a inexactidão do registo, se existiu, ficou a dever-se, aparentemente, a deficiência do título. Mas nesse caso a rectificação deveria ter lugar ou com consentimento de todos os interessados, ou por decisão judicial (n.° 1 do art. 83.° do CRCom., na redacção então em vigor). Não seria a PPP interessada? E as sociedades sócias da BBB II no momento em que teve lugar a rectificação? Mesmo o n.° 2 do art. 83.° do CRCom. (na redacção então em vigor) permitia a rectificação que não envolvesse prejuízo de titulares inscritos se baseada em documento bastante. Será que a rectificação da acta n.° 3 era suficiente para esse efeito?

[23] Sobre o sentido do art. 28.° do CSC, v., por todos, com referências bibliográficas, COUTINHO DE ABREU, *Curso de direito comercial*, II – *Das sociedades*, Almedina, Coimbra, 2002, p. 271, ss..

[24] Para sabermos o que são sociedades em relação de domínio ou de grupo temos de recorrer ao preceituado nos arts. 486.° e ss. do CSC. Por aí se verifica que o «impedimento» referido no n.° 2 do art. 28.° do CSC não é «apenas aplicável a accionistas, posteriormente à outorga da escritura de constituição de sociedade, que detenham mais de 50% da sociedade» (v. art. 138.° da Contestação). É que «duas sociedades estão em relação de domínio quando uma delas, dita dominante, pode exercer, directamente ou por sociedades ou pessoas que preencham os requisitos indicados no artigo 483.°, n.° 2, sobre a outra, dita dependente, uma influência dominante». A isto acrescenta o n.° 2 do art. 486.° que se presume que uma sociedade é dependente de outra se esta última, «directa ou indirec-

414.º do CSC: «Não podem ser eleitos ou designados membros do conselho fiscal ou fiscal único (...) os que prestem serviços remunerados com carácter permanente à sociedade fiscalizada ou sociedade que com esta se encontre em relação de domínio ou de grupo».

Se apenas interessasse que o ROC não tivesse funções na sociedade dominante ou na sociedade dominada, então, *no seguimento desse raciocínio, o ROC seria independente mesmo que fosse ROC... de sociedades que fossem sócias da sociedade dominada*; e, designadamente, *ROC de sociedades que fossem sócias minoritárias da sociedade dominada*. Isto é, e ainda no seguimento do raciocínio exposto, a avaliação das acções da sociedade dominada *poderia ser feita por um ROC que fosse ROC da sociedade sócia minoritária. O ROC da sociedade Autora seria, então, também um ROC independente.* Não pode ser.

Também não parece ter sentido dizer-se que só porque o ROC não se acha abrangido por qualquer uma das incompatibilidades ou impedimentos previstos no Estatuto da Ordem dos Revisores Oficiais de Contas passa a ser, automaticamente, independente em relação às sociedades interessadas na aquisição. É que então a exigência de independência colocada no art. 490.º, 2, perderia todo o sentido. O ROC era ROC e isso bastava.

---

tamente: a) Detém uma participação maioritária no capital; b) Dispõe de mais de metade dos votos; c) Tem a possibilidade de designar mais de metade dos membros do órgão de administração ou do órgão de fiscalização». Acrescente-se ainda que uma relação de domínio pode verificar-se também entre uma sociedade (a sociedade dependente) e duas ou mais sociedades (sociedades-mãe ou dominantes), quando estas (v.g., com larga coincidência de accionistas e/ou administradores) controlem conjuntamente aquela (a sociedade dependente ou «comum»).

Para sabermos o que quis a lei ao dizer que o ROC deve ser independente ajudará também verificar o que seja um ROC não independente. Um ROC não independente não é um ROC que viola os seus deveres ou que necessariamente irá violar os seus deveres. Um ROC não independente é, na nossa óptica, um ROC que se encontra numa *situação de potencial conflito de interesses* (ele não deve estar em *posição de poder ser influenciado* por algum dos interessados na operação em detrimento de outro ou outros interessados). O que se pretende, pois, ao exigir a intervenção de um ROC independente, é *assegurar* que é afastada a desconfiança por motivos objectivos.

A ideia que acabámos de transmitir foi, julgamos nós, sufragada pela Recomendação da Comissão de 16 de Maio de 2002, sobre a independência dos revisores oficiais de contas na União Europeia[25]. Aí se pode ler, efectivamente, que «os princípios e regras sobre a independência dos revisores oficiais de contas deverão permitir que um terceiro razoável e informado avalie os procedimentos e medidas adoptados por um revisor oficial de contas para evitar ou sanar factos e circunstâncias *susceptíveis de representar uma ameaça ou um perigo para a sua objectividade*» (itálico nosso).

No Anexo à referida Recomendação, faz-se inclusivamente a distinção entre independência de espírito («o estado de espírito que tem em conta todos os factores pertinentes para a tarefa a executar, mas ignora todos os outros») e a independência «aos olhos de terceiros» («que implica a necessidade de evitar factos e circunstâncias significativos, susceptíveis de levar um terceiro razoável e informado a pôr em causa a capacidade do revisor oficial de contas de agir objectivamente»). Se a primeira é praticamente incontrolável, já esta independência aos olhos de terceiros pode ser avaliada com mais precisão. Mas só pode ser também esta independência que

---

[25] JO, L 191, de 19/07/2002, p. 0022 e ss.

se encontra referida no art. 490.º do CSC: do que se trata aqui é de verificar se um terceiro razoável e informado seria ou não levado a *pôr em causa a capacidade do ROC de agir objectivamente* em face das sociedades interessadas, tendo em conta as circunstâncias. Isso parece ser o mesmo que dizer que o ROC não deve estar em *posição de poder ser influenciado* por algum dos interessados na operação em detrimento de outro ou outros interessados, devendo esta apreciação ser feita pelo critério de um terceiro razoável e informado.

Em muitos preceitos legais encontramos a referência à necessária *independência do ROC*. É o que acontece no art. 99.º, 2, do CSC. É o que acontece no art. 132.º, 3, do CSC. Por sua vez, o art. 188.º, 2, do CVM refere a possibilidade de recurso a um *auditor independente*[26]. E também na Segunda e na Terceira Directivas Comunitárias sobre direito das sociedades[27], no n.º 1 do art. 10.º de cada uma delas, como no n.º 1 do art. 8.º da Sexta Directiva[28], se exigia já que os *peritos* ali referidos sejam *independentes*.

Quer-nos contudo parecer que, embora o recurso a lugares paralelos seja um auxílio para o intérprete, isso não afasta a *necessidade de verificar, em cada caso, quais as finalidades subjacentes à escolha realizada na lei.*

Por outro lado, *o apelo necessário a essas finalidades obriga o intérprete a ir além da letra da lei.* Isso é bem claro, por exemplo,

---

[26] O n.º 1 do art. 11.º do Regulamento da CMVM n.º 6/2000 prevê precisamente como situação que considera de conflito de interesses o facto de o auditor ser beneficiário de vantagens particulares em entidades a quem preste os serviços previstos no art. 8.º do CVM ou noutras entidades que com elas se encontrarem em relação de domínio ou de grupo.

[27] Estamos a referir-nos, claro, à Segunda Directiva do Conselho de 13 de Dezembro de 1976 (77/91/CEE) e à Terceira Directiva do Conselho de 9 de Outubro de 1978 (78/855/CEE).

[28] Sexta Directiva, de 17 de Dezembro de 1982 (82/901/CEE).

na leitura que deve ser feita do art. 28.º, 1, do CSC: «As entradas em bens diferentes de dinheiro devem ser objecto de um relatório elaborado por um revisor oficial de contas sem interesses na sociedade (...)». Muito embora a letra do preceito apenas se refira à necessidade de o revisor não ter interesses na sociedade a constituir, *não parece aceitável que o revisor possa ter interesses... na sociedade que vai fazer a entrada*. E isto porque «la efectividad de las medidas sobre las aportaciones no dinerarias gira en torno a la objetividad de su valoración, que queda garantizada por la intervención de un experto ajeno a los socios aportantes y a la sociedad a la que se aportan»[29].

A invocação de lugares paralelos na tentativa de circunscrever o sentido do art. 490.º, 2, do CSC não pode também ser feita esquecendo as diferentes vias que a lei muitas vezes consagra para tratar os interesses em presença nas diversas situações.

Assim, por exemplo, o já referido art. 28.º, 1, do CSC contém a exigência de que as entradas em bens diferentes de dinheiro sejam objecto de um relatório elaborado por um ROC «sem interesses na sociedade». Mas esse ROC não só é *designado por deliberação dos sócios*, como nela está *impedido de votar o sócio que realiza a entrada* em espécie[30].

Por sua vez, o ROC «independente das sociedades interessadas» a que se refere o art. 490.º, 2, do CSC será designado *pela*

---

[29] María C. Sánchez Miguel, «La valoracion de las aportaciones no dinerarias o "in natura" en la sociedad anónima», *Derecho merantil de la Comunidad Económica Europea*, Civitas, Madrid, 1991, p. 946. Sublinhando também a necessidade de uma «*valoración objetiva de las aportaciones no dinerarias*», v. Eduardo Polo Sánchez, «La reforma y adaptación de la Ley de Sociedades Anónimas a las Directivas de la Comunidad Económica Europea», *loc. cit.*, p. 797.

[30] Aqui também, outras soluções teriam sido possíveis. Na França, a Lei de 1966 previa a nomeação pelo juiz e na Itália também é essa a solução. Na Espanha, o art. 38.º da LSA prevê a nomeação pelo *Registrador mercantil*.

sociedade dominante. Ou seja, *por aquela que pretende adquirir* as participações na sociedade dominada. O que justifica o *particular rigor* com que se deve procurar determinar o que seja um ROC independente, nos termos do disposto no art. 490.º, 2, do CSC[31].

Em nosso entender, a exigência, feita no art. 490.º, 2, do CSC, de que o ROC que faz o relatório seja independente das sociedades interessadas *não se destina a proteger, em primeira linha, os interesses dessas mesmas sociedades.* Ou seja: se a lei exige que o ROC seja independente em relação à sociedade dominante, isso não significa que em primeira linha se pretenda proteger a sociedade dominada; e se a lei exige que o ROC seja independente em relação à sociedade dominada, isso também não significa que em primeira linha se pretenda proteger a sociedade dominante.

Na verdade, a finalidade primeira do preceito é, a nosso ver, bem clara. *A exigência de que o relatório seja feito por um ROC independente em relação a qualquer uma das sociedades interessadas existe, em primeiro lugar, para protecção dos interesses dos sócios restantes da sociedade dominada.* E por isso, a exigência em causa visa acima de tudo evitar uma coisa muito simples: que o ROC fique colocado numa *situação de potencial conflito de interesses que ponha em risco a sua objectividade relativamente aos*

---

[31] E daí também resulta uma outra conclusão. Se no n.º 2 do art. 490.º do CSC não se exigiu *expressamente* que o ROC que elabora o relatório *não exerça quaisquer cargos ou funções profissionais nas sociedades interessadas ou em sociedades em relação de domínio ou de grupo* com as sociedades interessadas, isso só poderá querer dizer que *é aquele preceito que é mais exigente*, e não o n.º 2 do art. 28.º do mesmo Código. Isto é, ao exigir-se que o ROC que faz o relatório justificativo da contrapartida oferecida seja *independente relativamente às sociedades interessadas*, está-se a exigir muito mais do que se disséssemos apenas que ele não podia exercer quaisquer cargos ou funções profissionais nas sociedades interessadas ou em sociedades em relação de domínio ou de grupo com as sociedades interessadas.

interesses dos sócios restantes. Isto é, pretende-se com aquela exigência assegurar que o ROC não está em posição *potencialmente lesiva, desde logo, dos interesses dos sócios restantes.*

Essa situação de potencial conflito de interesses é particularmente visível no caso que estamos a analisar, tendo em conta o que se pode ler no Doc. 14 junto pela Autora com a Petição Inicial. Esse documento é cópia da acta n.º 5 de uma Assembleia Geral da Ré, que tinha como ponto Primeiro da sua Ordem de Trabalhos «deliberar sobre o aumento do capital social».

Pois bem, ao lermos esse documento, verificamos que, no âmbito desse ponto Primeiro, foi apresentada à discussão a seguinte proposta: «Exmos. Senhores Accionistas; Conforme é do conhecimento de V. Exas. constituem objectivos desta Sociedade nomeadamente (i) a obtenção de maior eficácia e racionalidade de gestão (ii) a definição de forma clara e transparente da estrutura de controlo indirecto da CCC, SGPS, S. A., (iii) dotar este importante *Grupo* económico nacional de uma estrutura coesa de controle e gestão e (iv) adequar o *Grupo* à definição de novas áreas de negócio, *sem que isso implique as perdas das sinergias geradas ou alteração dos centros de decisão fundamentais.* Nesta medida, consideramos como a melhor forma de prosseguir os objectivos referidos *intermediar uma sociedade gestora de participações sociais* de controlo da PPP, S.G.P.S, S. A., que, por essa via, deteria a maioria do capital desta última sociedade. *A BBB II, S.G.P.S., S. A., com a conclusão da operação de aumento de capital por entradas em espécie que ora colocamos a apreciação de V. Exas., desempenhará esse papel na desejada coesão do Grupo, dos seus accionistas e das sociedades em causa*» (todos os itálicos são da nossa responsabilidade).

Do excerto que acabámos de reproduzir verificamos que a fundamentação da proposta de aumento de capital apresentada às sociedades que eram sócias da Ré revela alguns factos interessantes, tendo em conta que foi *aprovada por unanimidade* apesar de ter aquela fundamentação. Assim, resulta claro que a BBB II, as sociedades que são sócias da BBB II, a QQQ, S.G.P.S. e a PPP, S.G.P.S, S. A, são vistas como pertencendo a um mesmo Grupo. Mas, sobretudo, afigura-se cristalino que a BBB II é encarada, pelas suas sócias, como intermediária na aquisição das participações sociais na PPP[32]. E tudo isso em benefício de um Grupo. Tudo isso para também prosseguir, de acordo com o documento referido, os seguintes objectivos: «(ii) a definição de forma clara e transparente da estrutura de controlo indirecto da CCC, SGPS, S. A., (iii) dotar este importante *Grupo* económico nacional de uma estrutura coesa de controle e gestão e (iv) adequar o *Grupo* à definição de novas áreas de negócio, *sem que isso implique as perdas das sinergias geradas ou alteração dos centros de decisão fundamentais*» (mais uma vez, os itálicos são da nossa responsabilidade).

Pergunta-se agora: o ROC que não desempenha funções na sociedade dominante ou na sociedade dominada pode elaborar o relatório referido no art. 490.º, 2, do CSC se desempenhar funções como ROC em sociedades que são sócias da sociedade dominante?

A nossa resposta só pode ser negativa. Uma situação dessas implica um potencial conflito de interesses que a lei quis evitar seguramente ao exigir que o ROC fosse independente relativamente às sociedades interessadas. Basta ver que a sociedade dominante, tal como a sociedade dominada, tem como fim a obtenção de um lucro para distribuir pelos seus sócios. Mas se é assim, não se pode dizer que o ROC que desempenha funções como tal em sócias da sociedade dominante não está em situação de potencial conflito de interesses. E não se pode dizer também que esse ROC é independente

---

[32] Só pode ser esse o sentido de se dizer, na fundamentação da proposta referida aprovada em Assembleia, que a BBB II deverá «intermediar» o controlo da PPP.

em relação à sociedade dominante, atendendo ao sentido que tem de ser dado ao disposto no art. 490.°, 2[33].

No que diz respeito à aquisição das acções da PPP pela BBB II, ao abrigo do disposto no art. 490.°, 2, do CSC, outra conclusão é também óbvia tendo em conta o que resulta do referido Doc. 14 junto com a Petição Inicial. É que, como sublinhámos, a BBB II *é vista, pelas suas sócias, como intermediária na aquisição das participações sociais na PPP*. E se assim é, as sociedades sócias da BBB II têm forçosamente de ser consideradas *sociedades interessadas*, nos termos do art. 490.°, 2. E por isso aquele que tenha funções como ROC nessas sociedades não pode elaborar o relatório exigido pelo art. 490.°, 2, do CSC.

Mesmo que se entenda que a letra do art. 490.°, 2, do CSC não cobre a hipótese que se acaba de descrever, parece-nos que a solução adiantada se justifica atendendo à finalidade primeira prosseguida com a regra que resulta do preceito convocado. Por isso não temos dúvidas em sustentar que *se impõe a extensão teleológica daquela norma, para evitar situações de potencial conflito de interesses como a que nos preocupa.*

As conclusões a que chegámos são aliás reforçadas se procurarmos verificar quais são os outros interesses que a lei pretende tutelar ao exigir a independência do ROC relativamente às sociedades interessadas. É para nós claro que essa exigência também visa

---

[33] Nem se diga que então seríamos levados a «soluções impossíveis de fiscalizar ou de cumprir» (art. 143.° da Contestação). E isto porque será o próprio ROC que terá de verificar se tem ou não interesses nos accionistas da sociedade dominante para depois decidir se elabora ou não o relatório. E se o ROC, depois de concluir que tem interesses num accionista da sociedade dominante, ainda assim elabora o relatório, além do mais poderá ser responsável perante a sociedade dominante pelas consequências que para esta disso resultarem.

proteger interesses dos credores. Desde logo, interesses dos credores da própria sociedade dominante. A independência do ROC será uma garantia de que a contrapartida paga pelas participações será adequada.

Imagine-se que o ROC que vai fazer o relatório imposto pelo art. 490.º, 2, do CSC é Fiscal Único de sociedade que é sócia da sociedade dominante; imagine-se ainda que essa sociedade é também sócia minoritária da sociedade dominada. Os riscos para os credores da sociedade dominante são óbvios[34]. Como óbvio é também que aquele ROC não pode ser considerado independente relativamente às sociedades interessadas. Não pode ser considerado independente porque se encontra colocado numa situação de potencial conflito de interesses que a lei quis afastar.

O exemplo que acabámos de dar permite também ilustrar uma outra conclusão. Na verdade, a exigência de que o ROC seja independente relativamente às sociedades interessadas visa ainda tutelar os interesses da sociedade dominante (interesses comuns a todos os seus sócios): reduz a possibilidade de se verificar um empolamento da contrapartida para beneficiar uma sociedade que seja sócia da sociedade dominante e, ao mesmo tempo, sócia minoritária da sociedade dominada.

Atendendo à letra do preceito e aos interesses que se querem acautelados, julgamos inequívoco que a exigência, feita no art. 490.º, 2, do CSC, de um relatório elaborado por um ROC independente relativamente às sociedades interessadas, é imperativa.

E consideramos também que é *nula* a aquisição das participações sociais dos sócios minoritários em que a contrapartida ofe-

---

[34] A eventual sobreavaliação das participações em benefício da sociedade que seja sócia minoritária da sociedade dominada prejudicará o património da sociedade dominante e, logo, os credores dessa sociedade.

recida não é justificada pelo relatório de um ROC *independente* relativamente às sociedades interessadas.

Em consequência, *a aquisição das acções da PPP pela BBB II, realizada por escritura de 22/12/2000, é nula, porque a contrapartida oferecida foi justificada por relatório elaborado por um ROC que, pelas razões acima expostas, não pode ser considerado independente relativamente às sociedades interessadas.*

2. A consignação em depósito deve ser judicial

Como é sabido, a consignação em depósito de que tratam os arts. 841.º e ss. do Código Civil não está pensada apenas para os casos em que há mora do credor – no seguimento aliás daquela que tinha sido já a opinião expressa por Vaz Serra[35]. Aquela consignação é também possível quando o devedor, sem culpa sua, não puder efectuar a prestação ou não puder fazê-lo com segurança, por qualquer motivo relativo à pessoa do credor.

Contudo, a consignação em depósito regulada no Código Civil é uma consignação facultativa: é o que resulta, *expressis verbis*, do n.º 2 do art. 841.º. Isso não exclui, no entanto, que a lei preveja casos de consignação em depósito obrigatória.

É precisamente o que se passa com a hipótese prevista no art. 490.º, 4, do CSC. Aí, a lei estabelece que «a escritura só pode ser lavrada se a sociedade tiver consignado em depósito a contrapartida»[36]. Tendo em conta que, de acordo com os dados de que dispo-

---

[35] «Consignação em depósito, venda da coisa devida e exoneração do devedor por impossibilidade da prestação resultante de circunstância atinente ao credor», BMJ, 40.º, p. 24.

[36] Tem algum sentido que a consignação seja, neste caso, obrigatória, pois parece que a prestação em causa tem de ser feita conjuntamente a todos os credores para ser eficaz: cfr., sobre essas prestações, VAZ SERRA, *op. cit.*, p. 55.

mos, a sociedade dominada não era uma sociedade aberta, a dúvida que surge então é esta: *a consignação em depósito de que trata o art. 490.°, 4, do CSC deve ser judicial* e, portanto, feita de acordo com o disposto nos arts. 1024.° e ss. do CPC ou, antes, *pode ser realizada em instituição de crédito, aplicando-se aqui também o que se previu para as sociedades abertas no art. 194.°, 4, do CVM?*

Estamos convencidos da justeza da primeira solução por várias razões, que passaremos a expor.

Comecemos por analisar *a letra dos preceitos* em causa. *Nada se dizendo no art. 490.° do CSC*, a consignação em depósito tem de ser entendida como consignação que deve ter lugar nos termos do disposto nos arts. 1024.° e ss. do CPC[37]. Só essa conclusão é possível *atendendo ao que se lê no n.° 1 do art. 1024.° referido*, que começa precisamente da seguinte forma: «quem pretender a consignação em depósito requererá, no tribunal (...)»[38].

---

[37] No mesmo sentido, cfr. ABÍLIO NETO, *Código de Processo Civil anotado*, 15.ª ed., 1999, Ediforum, Lisboa, p. 1260 (pelo menos aparentemente); PEREIRA DE ALMEIDA, *Sociedades comerciais*, 3.ª ed., Coimbra Editora, Coimbra, 2003, p. 482. Esse parece ser aliás o caminho que tem sido seguido, pelo menos a julgar pelo que é dito no Ac. do STJ de 2 de Outubro de 1997, BMJ, 470.°, p. 624: «13.° – Nos autos de consignação em depósito apenas a ré depositou (...)». Também no Ac. da RL de 6 de Junho de 2002, CJ, 2002, III, p. 92 e ss., se apreciou um caso em que a sociedade dominante, para realizar a aquisição potestativa prevista no art. 490.° do CSC, efectuou a consignação em depósito com recurso a uma acção de consignação em depósito. A própria consignação em depósito é definida por ANTUNES VARELA, *Das obrigações em geral*, II, 5.ª ed., Almedina, Coimbra, 1992, p. 184, como o *«depósito judicial da coisa devida, feita à ordem do credor*, com o fim de liberar definitivamente o devedor do vínculo obrigacional».

[38] VAZ SERRA, *ob. cit.*, cit., p. 46, considerava que a intervenção do tribunal ou dos funcionários do tribunal é adequada na consignação em depósito, pois

Este é o segmento normativo que nos diz quais os casos a que se aplica o processo especial em causa: são aqueles em que alguém pretende realizar a consignação em depósito[39].

Ou seja, o art. 1024.°, n.° 1, do CPC, define o seu âmbito de aplicação no seguinte segmento: «quem pretender a consignação em depósito». Isto, quer ela seja necessária para se realizar a aquisição potestativa prevista no art. 490.° do CSC, quer seja facultada ao devedor nos casos previstos no Código Civil[40]. Quem *pretende* rea-

---

«é preciso que fique constando a causa do depósito, o que se deposita, a recusa do credor em receber a coisa ou o não comparecimento dele, e destinando-se a consignação a produzir a extinção da obrigação, parece razoável que se exija a intervenção de uma entidade, a cujas declarações possa atribuir-se fé».

[39] Isto é particularmente importante tendo em conta que no n.° 2 do art. 460.° do CPC se pode ler que o processo especial aplica-se aos casos *expressamente* designados na *lei*. Isto quer dizer que cada processo especial (porque são vários) se aplica aos casos expressamente designados na lei. O processo especial de consignação em depósito também se aplica aos casos expressamente designados na lei. Essa lei é pelo menos a lei processual: os processos especiais aplicam-se aos casos que o Código de Processo Civil prevê. *Não é, pois, necessário que se diga no n.° 4 do art. 490.° do CSC que a consignação em depósito ali prevista se faz nos termos do disposto nos arts. 1024.° e ss. do CPC* ou algo semelhante. E não é isso necessário porque o próprio n.° 1 do art. 1024.° do CPC estatui que «quem pretender a consignação em depósito requererá (...)». Haverá alguém que diga que esta não é uma *designação expressa da lei*? Se há, relembramos as palavras lapidares do grande processualista ALBERTO DOS REIS, *Código de processo civil anotado*, II, 3.ª ed., Coimbra Editora, Coimbra, 1949, p. 287: «De modo que o intérprete (juiz, jurisconsulto ou advogado) tem de examinar com atenção *o texto legal que cria determinado processo especial e marca a sua esfera de aplicação*; por esse texto determinará o caso ou casos a que esse processo convém ou se ajusta, o caso ou casos para os quais deve ser utilizado» (itálico nosso).

[40] No sentido que referimos vai também *a história* do instituto. O art. 1023.° do CPC de 1939 dizia expressamente o seguinte: «Querendo o devedor exonerar-se nalgum dos casos dos artigos 759.° e 760.° do Código civil...» (de Seabra). Ora, o n.° 1 do art. 1024.° do actual CPC não diz: «Quem pretende

lizar a consignação em depósito pode pretender fazê-lo porque *quer* ou porque *tem de*.

É certo que o n.º 1 do art. 1024.º do CPC contém a referência ao *lugar do cumprimento da obrigação e à quantia devida*. E poderá pensar-se que, na hipótese tratada nos n.ºs 3 e 4 do art. 490.º do CSC não haverá ainda uma obrigação da sociedade dominante no momento de realizar a consignação em depósito nem dever de prestar.

Mas entendemos que *essa obrigação existe*, pelo menos, nos casos como o dos autos: aqui, a sociedade dominante, no anúncio que faz da oferta, dizia que «findo o aludido prazo, a sociedade oferente tornar-se-á titular da totalidade das acções representativas do capital social da PPP (...) ainda não adquiridas até esse momento, mediante escritura pública que fará lavrar no prazo legal (...)».

Do teor daquele anúncio resulta que ali se contém uma *proposta de aquisição* das acções a quem responder à oferta e ao mesmo tempo uma *promessa unilateral pública* de aquisição das acções pertencentes aos sócios que não responderem à oferta. Desta promessa pública resulta já uma *obrigação* para o promitente. Dessa promessa pública resulta já o *dever* de realizar a prestação prevista na lei. Por isso mesmo é que a lei utiliza o termo consignação em depósito no art. 490.º do CSC. E o intérprete tem de entender a lei optando pela solução que dê um sentido útil aos termos usados pelo

---

realizar a consignação em depósito nos casos previstos no art. 841.º do Código Civil...». Isso só pode querer significar que não houve a intenção de limitar dessa maneira o âmbito de aplicação do processo em causa. Se fosse essa a intenção, teria sido adoptada uma redacção próxima da que foi dada ao art. 1023.º do CPC de 1939. O que se pretendeu com a actual redacção do n.º 1 do art. 1024.º do CPC foi antes utilizar *um diferente caminho para delimitar os casos em que o processo especial em causa deve ser utilizado*. Isso foi feito através daquilo a que ALBERTO DOS REIS, *Código de Processo Civil anotado*, II, cit., p. 288, dizia ser a «indicação do fim a que o processo se destina (...)»

legislador, deve interpretar a lei partindo do princípio de que o legislador soube exprimir correctamente o seu pensamento[41].

E porque a sociedade dominante está *obrigada pela promessa pública*, no processo de consignação o juiz, nos casos previstos no n.º 1 do art. 1026.º do CPC, deverá considerar *extinto o dever* imposto pelo art. 490.º, n.º 4, do CSC. No entanto, deve considerar-se que o depósito só pode ser levantado depois da realização da escritura[42]. A escritura pode aliás ter sido feita antes da decisão final. O que interessa para realizar a escritura é que haja consignação em depósito, não o trânsito em julgado da decisão.

Do exposto decorre, por isso, que *não nos parece possível dizer que a consignação em depósito prevista no art. 490.º do CSC é uma mera garantia* das obrigações. Se o legislador quisesse tratar o depósito da contrapartida prevista no art. 490.º, n.ºs 2, 3 e 4, por exemplo, como uma *caução*, teria chamado caução à consignação. O termo caução é conhecido do legislador que elaborou o CSC: cfr. os respectivos arts. 77.º, 108.º, 154.º, 325.º, 396.º, 406.º, 433.º.

Do art. 1024.º, n.º 3, do CPC também não se retira qualquer indicação inequívoca de que o âmbito de aplicação do preceito referido é definido pelo art. 841.º do Código Civil. Refere-se aquela norma apenas a *prestações periódicas* e quanto a estas estabelece-se somente que, no respeitante às prestações que se forem vencendo, não é preciso oferecer o pagamento.

---

[41] Mesmo que se entendesse que a sociedade dominante não estava efectivamente obrigada, sempre se poderia perguntar se a utilização dos termos «consignação em depósito» tem lugar quando existe uma obrigação actual ou potencial. Obrigação potencial seria então, ao menos, a do n.º 3 do art. 490.º

[42] Não se pode esquecer que as normas processuais também devem ser interpretadas. Não é absurdo que o julgador considere que a quantia consignada só pode ser levantada depois da escritura: veja-se o lugar paralelo vertido no n.º 4 do art. 1031.º do CPC.

Vejamos agora que auxílio nos pode dar o *elemento sistemático*. Começando por ler o n.º 7 do próprio art. 490.º do CSC, verificamos que aquela norma remete para o disposto no CVM apenas para os casos em que está em causa a aquisição de domínio total de *sociedade com o capital aberto ao investimento do público*[43]. Quanto às outras, *cala-se a lei*. Por outras palavras: no n.º 7 do art. 490.º do CSC está contida uma norma em que se remete expressamente para o CVM, enquanto no n.º 4 do mesmo art. 490.º essa remissão não é feita. Isso quer dizer, quanto à consignação em depósito referida no art. 490.º, 4, do CSC, que o seu regime terá de ser procurado, não no CVM, mas nas normas gerais sobre a matéria e que são, precisamente, as que constam dos arts. 1024.º e ss. do CPC.

No CSC encontramos ainda hoje *outras normas* em que se utiliza a expressão «consignação em depósito».

Na fusão, os credores das sociedades participantes cujos créditos sejam anteriores às publicações referidas no n.º 2 do art. 107.º do CSC podem opor-se judicialmente à fusão. Essa oposição impede a inscrição definitiva da fusão no registo comercial até que se verifique algum dos factos previstos no n.º 1 do art. 108.º do CSC. E, na al. e) deste último preceito, pode ler-se que a oposição judicial à fusão deduzida por qualquer credor impede a inscrição definitiva da fusão no registo comercial *até terem sido consignadas em depósito as importâncias devidas aos oponentes*[44].

Por outro lado, no n.º 2 do art. 154.º do CSC estabelece-se que os liquidatários devem proceder à consignação em depósito *no caso de se verificarem as circunstâncias previstas no art. 841.º do Có-*

---

[43] Cfr. o art. 13.º do CVM.

[44] O n.º 2 do art. 108.º tem interesse por uma outra razão: é que ali se faz referência a uma prestação de caução, quando na al. e) do n.º 1 do mesmo art. 108.º encontramos os termos consignação em depósito. Isso mostra que na lei a distinção entre as duas figuras é conhecida e desejada.

digo Civil. Isto é, aqui a lei utiliza a expressão «consignação em depósito» *limitando o emprego desta figura aos casos em que se verifiquem as circunstâncias previstas no art. 841.° do Código Civil.* Ora, no n.° 4 do art. 490.° do CSC a lei utiliza também aquela expressão *sem a limitação referida.* Isso só pode querer dizer que *neste último caso aquela limitação não tem sentido.* Quando o legislador quis empregar a expressão «consignação em depósito» no CSC *apenas para os casos em que se verificam as circunstâncias previstas no art. 841.° do Código Civil*, disse-o expressamente[45].

Deve ainda ser tido em conta que o CSC *continha* vários preceitos dedicados às ofertas públicas de aquisição de acções. No n.° 2 do revogado art. 310.° do CSC dizia-se precisamente o seguinte: «Consistindo a contrapartida em dinheiro, a instituição de crédito garantirá que este se encontra depositado para o fim exclusivo da oferta pública». Isto é, neste preceito não se utilizou a expressão «consignação em depósito» que surge no art. 490.°, 4. O que faz crer que quando a utiliza é porque a consignação deve ser feita nos termos gerais: ou seja, de acordo com o disposto nos arts. 1024.°

---

[45] No regime jurídico do cheque, pode ler-se, no art. 1.°-A do DL 454/91, de 28 de Dezembro, aditado pelo DL 316/97, de 19 de Novembro, que o sacador, notificado pela instituição de crédito para regularizar a situação da falta de pagamento de cheque apresentado para esse efeito, deve, para efectuar essa regularização, proceder a «depósito na instituição de crédito sacada, à ordem do portador do cheque, ou pagamento directamente a este (...)». Sucede porém que aqui resulta da própria lei que o depósito se faz «na instituição de crédito sacada». Por sua vez, no n.° 5 do art. 830.° do CC encontra-se referência a uma «consignação em depósito». Mas aqui trata-se ainda de um depósito que pode ser chamado judicial. Dizemos isto porque o depósito em causa tem lugar estando pendente uma acção de execução específica de contrato promessa, na qual o tribunal determinará a realização do depósito e fixará um prazo para o fazer. O tribunal controlará ainda se o requerente depositou ou não a sua prestação e, verificando-se esta última hipótese, a acção em causa improcede. Cfr., sobre o depósito em causa, o Acórdão da RE de 12 de Julho de 1989, CJ, 89, IV, p. 253.

e ss. do CPC. Se assim não fosse, teria sido utilizada também a expressão «consignação em depósito» no art. 310.°, 2, do CSC[46]. Ou seja, a consignação em depósito de que trata o art. 490.°, 4, não é a mesma coisa que o depósito em instituição de crédito que era mencionado no art. 310.°, 2.

Vejamos agora as coisas *do ponto de vista dos interesses dos sócios livres*. Estes têm certamente interesse em que a contrapartida a entregar pela sociedade dominante seja justa. E têm interesse em dispor de meios para contestar a justeza da contrapartida paga. A tutela desses interesses é certamente um fim perseguido com o regime consagrado no art. 490.° do CSC. Por isso se exige que tenha lugar a intervenção de um revisor oficial de contas independente. Por isso se exige que antes da escritura de aquisição já esteja depositada a contrapartida devida.

E a verdade é que a consignação judicial em depósito oferece *garantias significativas ao depositante e ao credor*. Basta ver, em primeiro lugar, que o depósito é feito com indicação do motivo pelo qual é pedido (art. 1024.°, 1, do CPC) e é feito na Caixa Geral de Depósitos (art. 1024.°, 2, do CPC). Por outro lado ainda, é admissível a impugnação do depósito com os fundamentos indicados no art. 1027.° do CPC[47].

---

[46] Também a al. i) do n.° 1 do art. 539.° do CódMVM apenas referia a necessidade de apresentação de «documento comprovativo do depósito da contrapartida em dinheiro (...)» (cfr. tb. a al. f) do n.° 1 do art. 546.° daquele Código).

[47] ENGRÁCIA ANTUNES, *Os grupos de sociedades*, 2.ª ed., Almedina, Coimbra, 2002, p. 879, nota 1729, ao enunciar vários argumentos que poderiam ser utilizados no sentido da exigência de uma consignação judicial nos casos previstos no n.° 4 do art. 490.° do CSC, escreve: «dir-se-ia que a protecção resultante da consignação em depósito para os sócios minoritários seria superior à oferecida pelo normal depósito bancário, tendo em atenção, v.g., a existência de citação judicial obrigatória (...) e de um prazo mínimo de 30 dias para a contestação e

Mas será que os interesses dos sócios livres seriam devidamente protegidos com a aplicação, directa ou analógica, da norma contida no art. 194.°, 4, do CVM, à oferta de aquisição regulada no art. 490.° do CSC? Julgamos que não.

Invocar o regime previsto no n.° 4 do art. 194.° do CVM é não ter em conta o *conjunto muito grande de diferenças* entre as duas situações em causa. Do regime previsto no art. 194.° do CVM, permitimo-nos destacar os seguintes aspectos:

a) a aquisição tendente ao domínio total relativamente a sociedade aberta fica sujeita a um crivo apertado: o *controlo pela CMVM*, que tem oportunidade de realizar um juízo de mérito;

b) *o anúncio preliminar é registado* junto daquela entidade e é a *CMVM que controla se a contrapartida proposta se encontra ou não devidamente justificada e é ou não equitativa*;

c) é também a *CMVM que designa o auditor independente que fixará a contrapartida mínima*, caso a CMVM entenda que a contrapartida proposta não está devidamente justificada ou não é equitativa (na aquisição tendente ao domínio total regulada no art. 490.° do CSC *quem escolhe o ROC que vai fazer o relatório justificativo é a própria sociedade dominante*[48])[49]:

---

impugnação da consignação (...)». Embora o autor afirme que é «problema em aberto» a questão da obrigatoriedade do recurso à consignação judicial nos casos em análise, parece que acaba por considerar que não haveria vantagem no recurso àquele processo do ponto de vista da tutela dos sócios livres.

[48] E a verdade é que outras soluções eram possíveis. Para um elenco das mesmas no direito comparado (nomeação judicial, nomeação pelo Conservador do Registo Comercial, etc.), cfr. MARÍA C. SÁNCHEZ MIGUEL, *ob. cit.*, p. 947.

[49] Note-se, a talhe de foice, que os auditores independentes de que se fala no CVM estão sujeitos também a regras especiais. Cfr. o Reg. CMVM 6/2000 (início de vigência: 6 de Março de 2000 – a oferta em causa foi publicada no Jornal FG em 13/12/2000): entre outros preceitos relevantes, diz o n.° 1 do art. 6.° que «só podem ser registados na CMVM como auditores, as sociedades de revisores oficiais de contas e outros auditores habilitados a exercer a sua activi-

Tudo isto justifica a possibilidade de consignação em depósito junto de instituição de crédito quando se trata das aquisições reguladas no art. 194.º do CVM. Mas tudo isto justifica também que a consignação em depósito referida no art. 490.º, 4, do CSC tenha de ser realizada de acordo com o preceituado nos arts. 1024.º e ss. do CPC: é que não existe agora aquela intervenção da CMVM.

É certo que no preâmbulo do diploma que aprovou o CVM pode ler-se, no ponto 13., que «em relação à aquisição do domínio total nas sociedades abertas adaptou-se o disposto no artigo 490.º do Código das Sociedades Comerciais». Usa-se, pois, o vocábulo *adaptar*, e não *adoptar*. Mas grande é a diferença entre uma coisa e outra. Aliás, *se apenas se pretendesse adoptar o regime que encontramos no CSC, não era preciso especificar, no n.º 4 do art. 194.º do CVM, que o depósito é feito em instituição de crédito*[50]. E seria também *muito estranho que se tivesse aditado o n.º 7 do art. 490.º e não se tivesse aproveitado para harmonizar as redacções* quanto à consignação em depósito.

O recurso à consignação judicial em depósito *não está em contradição com a finalidade de tutela dos interesses dos sócios livres.*

---

dade em Portugal, cuja inscrição na Ordem de Revisores Oficiais de Contas não se encontre suspensa, e que sejam dotados de meios humanos, materiais e financeiros *necessários para assegurar a sua idoneidade, independência e competência técnica*» (itálico nosso). Para que era necessário esse regime, se bastasse ser ROC para se ser independente no sentido pretendido pela lei?

[50] Isto é, quando na lei se utiliza a expressão «consignação em depósito» sem haver o objectivo de remeter para o processo especial de consignação em depósito, especifica-se o modo de realizar aquele depósito. Isso demonstra que o regime regra pressuposto é outro que não o previsto no n.º 4 do art. 194.º do CVM.

A utilização daquele processo *não significa que se esteja a impor algo de exagerado* aos sócios referidos. Dizemos isto porque a verdade é que a sociedade dominante tem antes de apresentar uma *oferta de aquisição*. E *só depois, relativamente aos sócios que não aceitarem a oferta, tem lugar a consignação judicial*.

A aquisição por iniciativa de sociedade prevista no art. 490.° do CSC não tem de correr sempre os termos do processo de consignação judicial: *basta que os sócios livres respondam favoravelmente à oferta* para não haver qualquer consignação judicial. O preço será então pago directamente aos sócios livres que aceitem a proposta.

Ainda que o *regime das custas* relativo à consignação judicial possa ser desfavorável aos sócios livres, isso não impressiona.

Mas será que o regime das custas é verdadeiramente desfavorável para os sócios livres? Há que distinguir, por um lado, os casos em que os sócios livres não se opõem ao depósito através de contestação, e, por outro, aqueles em que o fazem.

Quando os sócios livres *não apresentam contestação* ao depósito, decorre do n.° 1 do art. 1026.° do CPC que, sendo a revelia operante[51], o credor será condenado nas custas[52]. Esta solução,

---

[51] A *revelia operante* é aquela de que trata o n.° 1 do art. 484.° do CPC, com os efeitos aí previstos: se o réu *regularmente citado na sua própria pessoa* (ou que assim se deva considerar citado) e o réu que *juntou procuração* a mandatário judicial no prazo da contestação *não contestarem*, «consideram-se confessados os factos articulados pelo autor». A *revelia inoperante* é a que não produz esses efeitos (*há revelia mas não se consideram confessados* os factos articulados pelo autor): é o que sucede quando se verifica alguma das *excepções* previstas no art. 485.° (cfr. Lebre de Freitas/Montalvão Machado/Rui Pinto, *Código de Processo Civil anotado*, II, Coimbra Editora, Coimbra, 2001, p. 269). De entre estas excepções, interessa destacar duas que terão particular interesse nos casos em que a sociedade dominante procede à consignação judicial em depósito da contrapartida das acções adquiridas. Estamos a falar, em primeiro lugar, daquela em que há *vários réus* e *um deles contesta* (a revelia de

40   *Grupos de Sociedades. Aquisições tendentes ao Domínio Total*

que à primeira vista parece desajustada, logo se compreenderá se for tido em conta que a sociedade dominante tinha feito antes uma

---

um ou mais réus *não produz efeitos no que diz respeito aos factos impugnados pelo réu* que contesta). Mas estamos ainda a falar, em segundo lugar, daquela em que a *citação foi edital* e o réu ou algum dos réus permanece na situação de *revelia absoluta* (não deduz qualquer oposição, não constitui mandatário e não intervém de qualquer forma no processo – cfr. o art. 483.° do CPC): no que a esta excepção diz respeito, interessa sublinhar que ela abrange não apenas o réu que está em situação de *revelia absoluta*, como também os «outros réus que tenham sido citados pessoalmente – ou editalmente, mas tenham de outro modo intervindo no processo – e não tenham, igualmente, apresentado contestação» (LEBRE DE FREITAS/MONTALVÃO MACHADO/RUI PINTO, *Código de Processo Civil anotado*, II, cit., p. 274). Ora, o disposto no n.° 1 do art. 1026.° do CPC apenas se aplica aos casos em que a revelia é operante.

[52] Estamos a partir do princípio que este n.° 1 do art. 1026.° do CPC é lei especial relativamente ao teor do art. 449.° do CPC, designadamente quanto aos respectivos n.ºs 1 e 2, a). Na verdade, é discutível que na própria consignação judicial a sociedade dominante esteja a exercer um direito potestativo. Mesmo que não existisse o n.° 1 do art. 1026.° do CPC, também não seria aplicável ao problema que nos preocupa o disposto no n.° 3 do art. 449.° do CPC. Esta norma está pensada para outro tipo de casos: está pensada para as *acções de interdição ou de inabilitação por anomalia psíquica, surdez-mudez ou cegueira* (cfr. RODRIGUES BASTOS, *Notas ao Código de Processo Civil*, II, 3..^{a}ed., Lisboa, 2000, p. 216). Aquele n.° 3 contém referência a *acções que tenham por finalidade legal a protecção do réu* vencido. Não é, manifestamente, esse o caso de que estamos a tratar. Uma coisa é dizer que a norma do art. 490.° do CSC *remete para a consignação judicial por ser esse o regime que melhor protege os interesses dos sócios livres* e outra, bem diferente, é sustentar que *a acção de consignação judicial em depósito é uma acção que tem por finalidade a protecção do réu* vencido. Esta última afirmação não corresponde à realidade: a finalidade da consignação judicial em depósito não é, *tipicamente*, a de proteger o réu vencido. Basta ver até que em muitos casos o recurso ao processo em causa tem lugar por devedores que se querem libertar das suas obrigações e não sabem ou não podem fazê-lo de outra forma. Mas ainda que se entendesse que na ausência do n.° 1 do art. 1026.° do CPC seria aplicável o n.° 3 do art. 449.° do CPC quando os sócios livres não apresentaram contestação, há que ponderar que a sociedade dominante fez antes

oferta[53]. E *admitindo-se a aceitação da oferta pelos sócios livres, estes poderiam ter feito isso mesmo e recebido o preço*[54]. Se o não fizeram e nem sequer se opunham à contrapartida, *obrigaram a sociedade a proceder à consignação em depósito*. Porque não se opunham à contrapartida, deveriam ter aceitado a oferta. Se não aceitaram a oferta e não impugnaram o depósito, terá alguma justificação que estejam obrigados a pagar as custas: tornaram necessário o recurso à consignação judicial quando não tinham motivos para a impugnarem.

De qualquer modo, não julgamos adequado o método que exclui todo um regime apenas porque uma das normas desse regime não é adequada. Mesmo que se entendesse que o preceito contido no n.º 1 do art. 1026.º do CPC não deveria ser aplicado, o intérprete

---

uma oferta. E *admitindo-se a aceitação da oferta pelos sócios livres, estes poderiam ter feito isso mesmo e recebido o preço*.

[53] Julgamos mesmo que haverá sempre necessidade de apresentação da oferta para que possa ter lugar a aquisição tendente ao domínio total por iniciativa da sociedade dominante. Isto porque a sociedade dominante só pode tornar-se titular das acções dos sócios livres se o declarar na proposta (n.º 3 do art. 490.º do CSC) e essa proposta é a apresentada na oferta de aquisição. Isto quer portanto dizer que na altura em que procede à consignação em depósito a sociedade dominante já antes tinha oferecido o pagamento aos sócios livres: fê-lo na oferta de aquisição, a que os sócios livres podem responder afirmativamente. Se não responderam por desleixo ou negligência, se não responderam apesar de concordarem, não se vê por que razão é que não hão-de pagar as custas da consignação judicial. A possibilidade de recurso à consignação judicial protege também a sociedade dominante, que tem o direito de adquirir as acções dos sócios livres mas não conseguiu que estes aceitassem a oferta. Uma outra nota ainda. Feita a oferta e apresentada a proposta referidas nos n.ºs 2 e 3 do art. 490.º do CSC, é nossa opinião que a sociedade dominante tem o dever de outorgar a escritura de aquisição das acções dos sócios livres.

[54] No caso em análise, como parece revelar a escritura de aquisição, alguns dos sócios aceitaram a oferta da aquisição de participações livres e terão recolhido voluntariamente o respectivo preço antes da consignação e da escritura.

teria sempre de explorar outras vias que pudessem eventualmente levar à não aplicação daquela regra relativa às custas. Basta pensar que, ao não discriminar o tratamento a dar a casos em que a consignação judicial é obrigatória, a letra da regra legal pode ter ido além do seu espírito[55].

Se os sócios livres *impugnam o depósito* com algum dos fundamentos previstos nas als. a) e c) do art. 1027.° do CPC, e a impugnação *procede*, é o requerente condenado nas custas: cfr. o n.° 2 do art. 1028.° do CPC. Se a impugnação *improceder*, lê-se agora no n.° 3 do mesmo art. 1028.°, é «condenado o credor nas custas». Tem sentido.

---

[55] Algumas normas do Código das Custas Judiciais devem ser aqui trazidas à colação. Na al. u) do n.° 1 do art. 6.° estabelece-se que se considera como *valor para efeito de custas*, nos *depósitos e levantamentos*, o da *quantia a depositar ou a receber*. Sendo certo que uma coisa é a *acção de consignação em depósito*, e outra são os *depósitos e levantamentos* que têm lugar nessa acção, sempre convém ter presente que na al. j) do n.° 1 do art. 3.° do Código das Custas Judiciais se lê que não há lugar a custas «nos depósitos e levantamentos a realizar pelas partes, que constituam actos normais da tramitação específica da respectiva forma de processo (...)». Sobre este preceito, escrevia SALVADOR DA COSTA, *Código das Custas Judiciais. Anotado e comentado*, Almedina, Coimbra, 1997, p. 72, que «são actos normais no quadro da tramitação específica do processo, por exemplo, (...) o depósito e o levantamento na acção de consignação em depósito (...)» (mesmo nos *depósitos e levantamentos em que há lugar a custas* a taxa de justiça é reduzida a um quarto – al. p) do n.° 1 do art. 15.° – e será «reduzida a um oitavo quando não houver ou não for admissível oposição, podendo o juiz, justificadamente, reduzi-la até metade de 1 UC» – n.° 2 do art. 15.°). Relembre-se também que resulta do n.° 3 do art. 446.° do CPC que «tendo ficado vencidos (...) vários réus, respondem pelas custas em partes iguais, *salvo se houver diferença sensível quanto à participação de cada um deles na acção, porque nesse caso as custas serão distribuídas segundo a medida da sua participação* (...)» (itálico nosso).

No caso de o depósito ter sido impugnado com o fundamento previsto na al. b) do art. 1027.º do CPC, o sócio livre deduzirá, em reconvenção, a sua pretensão contra o depositante devedor, de acordo com o estabelecido no n.º 1 do art. 1029.º do CPC. Ou seja, o sócio livre deduzirá um pedido contra a sociedade que efectuou o depósito.

Se esse pedido *improceder*, justifica-se que o sócio livre seja condenado nas custas. Se for julgado *procedente*, já não será assim. Em qualquer dos casos, se houve impugnação do depósito nunca seriam de aplicar *os n.ºs 1 e 2 do art. 449.º do CPC*, preceitos que aliás *pressupõem que o réu não tenha contestado*. Passará, pois, a valer a regra do vencimento (n.ºs 1 e 2 do art. 446.º do CPC).

Os interesses dos sócios livres não ficam prejudicados com a exigência de que a consignação prevista no art. 490.º do CSC seja judicial porque essa exigência *não exclui a impugnação judicial da aquisição posteriormente à realização da escritura*.

Esta impugnação posterior pode ter lugar não somente quando a consignação *não tenha sido judicial*, mas também quando a consignação *foi judicial*. Basta ver que os fundamentos para se impugnar o depósito são os previstos no art. 1027.º do CPC, e *pode haver outros fundamentos para impugnar a aquisição*. Até pode suceder, por exemplo, que venham a ser ultrapassados *prazos legalmente previstos*. Além disso, uma coisa é *impugnar o depósito*, e outra é *impugnar a aquisição*[56].

---

[56] Como é óbvio, só há caso julgado quando há *repetição de uma causa* (n.º 1 do art. 497.º do CPC). E só há repetição de uma causa «quando se propõe uma acção idêntica a outra quanto aos sujeitos, ao pedido e à causa de pedir» (n.º 1 do art. 498.º do CPC). Mesmo que sejam invocados os mesmos factos, poderá não haver repetição de uma causa se numa acção (de consignação em depósito) se impugna o depósito e noutra acção se impugna a aquisição: poderá não haver *identidade de pedido*.

Por outro lado, se virmos quais são os fundamentos de impugnação do depósito e se virmos também quais são as consequências da procedência dessa impugnação, verificamos que a aquisição das acções não chega sequer a ser posta em causa. Dito de forma mais enxuta: a procedência da impugnação, por si só, não põe em causa a aquisição das acções.

Por aí se vê também que a exigência de consignação judicial não retiraria sentido à possibilidade de impugnação judicial da aquisição posteriormente à realização da escritura de aquisição. Se o sócio só queria impugnar o depósito, poderia fazê-lo logo no processo de consignação judicial em depósito. Se o sócio quer impugnar a aquisição, terá de propor a referida acção posterior à escritura[57].

---

[57] Havendo consignação judicial, a aquisição continua a ser feita sem intervenção do Tribunal. Essa aquisição tem lugar através de escritura pública. A aquisição das acções que não foram transmitidas voluntariamente efectiva-se com a escritura, e não com a consignação judicial do preço; tem lugar com a escritura e não no âmbito do processo de consignação judicial. Não é isso o que se passa na hipótese prevista nos n.°s 5 e 6 do art. 490.° do CSC. Aí, a aquisição tem lugar com intervenção do Tribunal. RAÚL VENTURA, *Estudos vários sobre sociedades anónimas*, Almedina, Coimbra, 1992, p. 167, afirmava, a propósito da aquisição prevista no art. 490.°, promovida pela sociedade dominante, que «a aquisição das acções processa-se sem intervenção do tribunal». Mas, julgamos nós, o Autor estava a fazer a comparação entre a aquisição por iniciativa da sociedade dominante e a aquisição por iniciativa dos sócios livres. Além disso, uma coisa é a aquisição das acções, e outra a consignação em depósito da contrapartida. A aquisição das acções processa-se sem intervenção do tribunal. A consignação em depósito, anterior à aquisição, exige a intervenção do tribunal. A consignação em depósito judicial, aliás, nunca seria o acto pelo qual se efectuaria a aquisição. Não é a isso que se dirige, não é para isso que está orientada. E porque Raúl Ventura se estava a referir à aquisição das acções, e não à consignação da contrapartida, é que se pronuncia também sobre a possibilidade de os accionistas discordantes poderem propor acção declarativa negativa quanto aos pressupostos da aquisição e também sobre o recurso a uma providência cautelar para que a escritura que formaliza a aquisição não seja outorgada: o que não podia ser conseguido, obviamente, com o processo especial de consignação em depósito.

A impugnação do depósito no âmbito do processo de consignação judicial pode aliás ser apresentada num momento em que não houve ainda sequer aquisição das acções. Nesse momento, os sócios livres não podem impugnar a aquisição porque... não há aquisição. Mas já poderão impugnar o depósito.

A exigência de consignação judicial não é sequer contraditória com a necessidade de escritura pública. Basta recordar as razões que a doutrina reconhece estarem na base da exigência legal de determinada forma: «defender as partes contra a sua própria leviandade ou precipitação», «obter uma clara e completa expressão da vontade», «marcar a separação entre as simples negociações e os termos definitivos do negócio», «facilitar a prova da declaração de vontade»[58]. No que diz respeito à aquisição visada pelo n.º 4 do art. 490.º do CSC, há até uma razão mais saliente: o notário deverá controlar se a consignação em depósito teve lugar e se foi realizada de acordo com as regras estabelecidas na lei. Além disso, na consignação judicial em depósito não se vai processar a aquisição das acções dos sócios livres: essa aquisição só terá lugar com a escritura pública.

É inclusivamente por a lei pressupor que a consignação em depósito referida no art. 490.º, 4, do CSC será feita judicialmente que não prevê, para a oferta da iniciativa da sociedade dominante, o que prevê para os casos em que falta a oferta ou esta é considerada insatisfatória.

Diz, com efeito, o art. 490.º, 6, do CSC que «na falta da oferta ou sendo esta considerada insatisfatória, o sócio livre pode requerer ao tribunal que declare as acções ou quotas como adquiridas pela

---

[58] MANUEL DE ANDRADE, *Teoria geral da relação jurídica*, II, Almedina, Coimbra, 1983, p. 143 e s..

sociedade dominante desde a proposição da acção, fixe o seu valor em dinheiro e condene a sociedade dominante a pagar-lho». *A lei não prevê no art. 490.°, 4, o recurso ao tribunal para contestar o valor depositado, porque justamente conta com a realização de consignação em depósito judicial*, a realizar nos termos do disposto nos arts. 1024.° e ss. do CPC. *No âmbito desse processo especial poderá o sócio livre contestar o valor da contrapartida oferecida pela sociedade dominante.*

Claro está que, se a sociedade dominante não realizou a consignação em depósito judicial, cai pela base o pressuposto de que parte a lei. E então o sócio livre poderá também recorrer ao tribunal para que este fixe o valor das acções ou quotas e condene a sociedade a pagar-lho. Mas a isto voltaremos adiante (n.° 4.).

Nem se diga que a exigência de consignação em depósito judicial viria introduzir *contradições no sistema*. Desde logo, aquela exigência não impede o *cumprimento dos prazos previstos no art. 490.° do CSC* e, designadamente, a realização da escritura referida no seu n.° 4[59]. Para esta escritura se lavrar só será necessário que se

---

[59] De acordo com o disposto no art. 1025.° do CPC, os credores só são citados para contestar depois de feito o depósito. Mas o que o notário tem de controlar é se foi feito o depósito ou não, de acordo com os valores mais altos constantes do relatório do revisor. Não parece que o art. 490.° do CSC exija que o notário aguarde por decisão final transitada em julgado no processo de consignação judicial. Tanto mais que a impugnação do depósito deve ter um dos fundamentos previstos no art. 1027.° do CPC. Ora, no que diz respeito ao fundamento das als. a) e c) (inexactidão do motivo ou qualquer outro fundamento legítimo para recusar o pagamento), a procedência da impugnação conduz à declaração de ineficácia do depósito *como meio de extinção da obrigação* (n.° 2 do art. 1028.° do CPC). E apenas isso. É que nesses casos o depositante é condenado a cumprir como se o depósito não existisse, fazendo-se o pagamento ao credor pelas forças do depósito logo que ele o requeira. Daqui resulta que a *declaração de ineficácia do*

comprove que *o depósito foi realizado de acordo com os valores mais altos constantes do relatório do revisor.*

---

depósito respeita somente ao depósito *como ou enquanto meio de extinção* da obrigação. Ou seja, a obrigação mantém-se. Aplicando o que se disse quanto à consignação de que trata o n.° 4 do art. 490.°, verificamos que a procedência da impugnação só terá a referida consequência de o depósito realizado não extinguir a obrigação da sociedade dominante. A escritura de aquisição não é afectada. Por sua vez, quando o fundamento da impugnação do depósito seja o de se considerar maior a quantia ou coisa devida, a procedência do pedido do credor apenas tem como consequência que o depositante *deva completar o depósito* (primeira parte do n.° 2 do art. 1029.° do CPC). Se é *diversa a coisa* pedida, também se considerará *sem efeito* o depósito, condenando-se o devedor no cumprimento da obrigação (segunda parte do n.° 2 do art. 1029.° do CPC). Mais uma vez, aqui se reconhece que a obrigação se mantém. A ineficácia do depósito também não afecta a escritura de aquisição das participações sociais. ENGRÁCIA ANTUNES, *Os grupos de sociedades*, 2.ª ed. cit., p. 879, nota 1729, ao procurar saber se a consignação judicial em depósito poderia, no caso de haver impugnação, suspender a realização da escritura de aquisição, indica como argumento nesse sentido o regime previsto no n.° 4 (será o 3?) do art. 497.° do CSC: a oposição dos sócios livres ao contrato de subordinação impede a celebração desse contrato até à decisão dessas oposições. Porém, e agora quanto à consignação a que se faz referência no n.° 4 do art. 490.° do CSC, o próprio Autor conclui, a propósito da impugnação do depósito realizado no processo de consignação, que a defesa do efeito suspensivo daquela impugnação «não encontra sustentáculo bastante no plano da lei». Engrácia Antunes apenas se pronunciava, aliás, acerca do efeito suspensivo da impugnação do depósito judicial. Não havendo sequer impugnação do depósito, ainda menos possível será defender que a escritura não pode ser realizada na pendência do processo. No já referido Ac. da RL de 6 de Junho de 2002 entendeu o tribunal que a consignação em depósito exigida pelo n.° 4 do art. 490.° do CSC deveria ter lugar «através do processo que vem regulado nos art. 1024.° e seguintes do C.P.C.». Porém, entendeu também o tribunal que a escritura de aquisição só poderia ser realizada após a decisão final proferida no processo de consignação judicial. Atendendo a tudo o que atrás foi exposto, não parece ser a melhor solução. Até porque isso inviabilizaria, na prática, a realização da escritura de aquisição no prazo previsto no n.° 3 do art. 490.° do CSC.

O que tem de ficar dito aqui e agora é que a exigência de consignação em depósito da contrapartida, feita pelo art. 490.°, 4, do CSC, é claramente *imperativa*. Mais. A lei consagra uma inequívoca *proibição* de que a escritura de aquisição se faça sem essa consignação em depósito. Como essa consignação é a que se realiza nos termos previstos nos arts. 1024.° e ss. do CPC, e como a consignação em causa no litígio que estamos a apreciar não respeitou esse regime, a conclusão só pode ser, aos nossos olhos, uma: *a aquisição realizada pela escritura é nula*. Nulidade essa que é de conhecimento *oficioso* pelo Tribunal[60].

3. **O comportamento abusivo da Ré**

3.1. *Sobre o dever de lealdade dos sócios*[61]

As sociedades (pluripessoais) são organizações instrumentais para a consecução de determinado fim – normalmente o fim lucrativo, o escopo de obtenção de lucros para serem distribuídos pelos sócios – ou a satisfação de interesses sociais (normalmente interesses comuns a todos os sócios). Natural, portanto, que todo o sócio esteja vinculado a respeitar tal natureza ou modo de ser da sociedade, a comportar-se dentro do círculo do permitido pelo fim e interesses societários; dizendo de outra maneira, todo o sócio está, enquanto tal, obrigado perante a sociedade e/ou os outros sócios a actuar lealmente.

---

[60] Para isso, dispõe o Tribunal de elementos no processo: veja-se o teor dos docs. n.° 21 e n.° 23 juntos com a Petição Inicial e os arts. 92.° e ss. deste articulado.

[61] Para desenvolvimentos, com numerosas referências bibliográficas, v. COUTINHO DE ABREU, *Curso de direito comercial*, vol. II cit., p. 303-319.

O dever de lealdade dos sócios (*Treuepflicht, deber de fidelidad, obbligo di corretezza, fiduciario, di fedeltà, di collaborazione*, etc.) significa, no essencial, que *cada sócio não pode actuar de modo incompatível com o interesse social ou com interesses (legítimos) de outros sócios relacionados com a sociedade*. Os sócios têm direitos na sociedade. Estes direitos são atribuídos aos sócios no seu próprio interesse – são direitos subjectivos, não são «direitos-função» ou «poderes-função». Todavia, os sócios actuam em sociedade – com escopo comum a todos –, exercem, de modo mais ou menos indirecto, uma actividade «em comum» para satisfação de interesses de todos eles. Por conseguinte, devem os sócios actuar – procurando satisfazer os seus próprios interesses – dentro do campo delimitado pelo interesse social e por interesses dos outros sócios ligados à sociedade, não podendo, pois, ultrapassar ou sacrificar estes outros interesses.

Uma das balizas para o comportamento dos sócios é, dissemos, o *interesse social* (*rectius*, os interesses sociais)[62].

Com relação a situações ou comportamentos dos sócios, o CSC alude expressamente ao interesse da sociedade (ou interesse social). Por exemplo, nos arts. 251.º (impedimento de voto nos casos em que o sócio «se encontre em situação de conflito de interesses com a sociedade»), 328.º, 2, c) (possibilidade de o contrato social «subordinar a transmissão de acções nominativas e a constituição de penhor ou usufruto sobre elas à existência de determinados requisitos, subjectivos ou objectivos, que estejam de acordo com o interesse social»), 329.º, 2 (é lícito à assembleia geral recusar o consentimento para transmissão de acções nominativas «com fundamento em qual-

---

[62] Sobre a problemática do interesse social, incluindo a relevante no quadro do comportamento dos órgãos de administração (que aqui pouco importa), v. COUTINHO DE ABREU, *Da empresarialidade (As empresas no direito)*, Almedina, Coimbra, 1996, (reimpr. 1999), p. 225-243, 268-270, e *Curso* cit., p. 286-303.

quer interesse relevante da sociedade»), 460.º, 2 («A assembleia geral que deliberar o aumento de capital pode, para esse aumento, limitar ou suprimir o direito de preferência dos accionistas, desde que o interesse social o justifique».). Outros enunciados normativos do CSC aludem de modo indirecto ao interesse social – vejam-se, por exemplo, os arts. 58.º, 1, b) (são anuláveis as deliberações «apropriadas para satisfazer o propósito de um dos sócios de conseguir, através do exercício do direito de voto, vantagens especiais para si ou para terceiros, em prejuízo da sociedade (...)»), 181.º, 5, 214.º, 6, 291.º, 6 (responsabilidade dos sócios que utilizem informações prestadas pelos membros do órgão de administração de modo a prejudicar a sociedade)[63].

No domínio de que cuidamos (o do comportamento dos sócios), não haverá grandes dúvidas em concluir que o interesse social é *interesse comum aos sócios enquanto tais, é a relação entre a necessidade de todo o sócio enquanto tal na consecução de lucro e o meio julgado mais apto para satisfazê-la.*

Numa mesma sociedade, uns sócios (enquanto tais) terão normalmente interesses divergentes dos de outros sócios – por exemplo, quanto à participação nos órgãos sociais e à manutenção ou aumento das respectivas posições (e correspondente poder) na sociedade. O interesse social não é feito destas divergências de interesses. É feito, sim, da comunidade de interesses dos sócios. Mas não de qualquer comunidade. Ela só é qualificável como interesse social quando se ligue à causa comum do acto constituinte da sociedade – que é, em regra, o escopo lucrativo; qualquer outro interesse colectivo ou comum de que sejam titulares os sócios já não merece tal qualificação.

O interesse social é algo predeterminado, invariável e único? Há um só interesse social ou vários? Quando, por exemplo, num de-

---

[63] Importa acrescentar ainda que o interesse social releva também em domínios não abrangidos pelas disposições citadas.

terminado ano uma parte dos sócios vota pela distribuição de todos os lucros distribuíveis e outra parte vota pela afectação dos mesmos a reservas livres, há ou não dois interesses sociais em confronto?

Há vários interesses sociais (vários interesses comuns a todos os sócios). Na verdade, interesse é a relação entre um sujeito, que tem uma necessidade, e o bem ou bens que esse sujeito julga aptos para satisfazer tal necessidade; dizendo elipticamente, é a relação entre uma necessidade e um bem. Ora, no interesse social teremos uma relação entre uma necessidade – (em regra) a obtenção de lucro por parte de todos e cada um dos sócios – e um ou mais bens determinados (sendo o caso) em cada deliberação (no exemplo de que nos servimos, o lucro pode ser alcançado, mais ou menos a curto prazo, tanto pelo bem afectação a reservas como pelo bem distribuição)[64]. Logo, só um dos pólos da relação (a necessidade) é imutável, constante; o outro pólo (o bem jurídico) é variável, pois variadas são as situações com que a sociedade se depara.

Assim sendo, podem nos assuntos objecto de deliberação confrontar-se interesses sociais diversos. A quem cabe escolher? À maioria (em votos). É ela que decide qual o bem, qual o meio mais apto para conseguir o fim social, é ela que determina o interesse social em concreto. *Não se confunda, todavia, o interesse social com o interesse da maioria ou com uma qualquer definição que dele dê a maioria*[65]. Além do mais, tal confusão levaria a concluir que todas

---

[64] Não obstante, note-se que qualquer destes meios – em abstracto «bens» aptos a satisfazer as legítimas necessidades dos sócios – pode em concreto, em especiais circunstâncias, revelar-se inapto, «abusivo»; isto é, a bondade dos meios é também avaliada pelos critérios do abuso de direito.

[65] Esta confusão (em que têm incorrido alguns dos nossos autores) foi criticada por nós há já vinte anos – v. COUTINHO DE ABREU, *Do abuso de direito – Ensaio de um critério em direito civil e nas deliberações sociais*, Almedina, Coimbra, 1983 (reimpr. 1999), p. 114. Não obstante, e sem qualquer perspectiva crítica, cai na mesma confusão a Ré – v. os arts. 502.°, 503.° e 509.° da Contestação.

as deliberações dos sócios (porque tomadas com a maioria exigida) seriam necessariamente conformes ao interesse social[66]; não haveria deliberações abusivas. Cabe à maioria optar, mas sempre entre interesses comuns a todos os sócios – tendo sempre o fim social comum como «estrela polar».

Outra baliza para o comportamento dos sócios são, dissemos também, *os interesses dos sócios* (mais ou menos) relacionados com a sociedade mas que não se reconduzem ao interesse social (comum ou colectivo).

Cada sócio deve actuar de modo compatível com os interesses (dignos de tutela) dos outros sócios. Este dever de lealdade ou correcção *entre os sócios* é autonomizável em relação ao dever de lealdade *perante a sociedade* exactamente porque há casos de (ilegítima) lesão de interesses dos sócios sem lesão do interesse social, ou em que o interesse social aparece em posição de «neutralidade»[67].

Casos de violação do dever de lealdade entre os sócios são as deliberações *emulativas*, pelas quais a maioria causa intencionalmente danos à minoria, disso não resultando nem uma vantagem (patrimonial) para a maioria nem um prejuízo para o interesse comum dos sócios enquanto tais. Por exemplo, numa sociedade por quotas, a maioria delibera diminuir a remuneração do sócio-gerente e aumentar na mesma medida a de um gerente não-sócio, somente para prejudicar aquele; há dano do sócio (enquanto gerente) mas não benefício objectivo da maioria nem lesão do interesse social – os custos da gerência mantêm-se os mesmos e a gerência continua a funcionar (vamos supor) como até então.

---

[66] V. P. G. JAEGER, *L'interesse sociale*, Giuffrè, Milano, 1964, p. 96-97.

[67] Podendo mesmo (excepcionalmente) suceder que a lei permita o sacrifício do interesse social – enquanto interesse comum a todos os sócios actuais (vê-lo-emos depois, no n.º 3.2.).

Outro caso é o do sócio que utiliza informações societárias de modo a prejudicar injustamente outros sócios, sem prejudicar a sociedade (os arts. 181.º, 5, 214.º, 6, 291.º, 6, do CSC mencionam disjuntivamente o interesse da sociedade e o de outros sócios).

O *dever de lealdade dos sócios* é um «princípio jurídico» estruturante do direito das sociedades que não se encontra determinado em uma precisa norma legal. Como outros princípios jurídicos, ele é inferido, por um lado, da legislação (*v.g.*, o CSC contém manifestações singulares do princípio em algumas normas) e, por outro lado, da jurisprudência (das decisões dos tribunais e do trabalho integrador e sistematizador da doutrina vem resultando a explicitação e o quadro problemático global do mesmo).

Manifestações do dever de lealdade dos sócios no CSC são visíveis, por exemplo, nos arts. 58.º, 1, b) (anulabilidade das deliberações dos sócios abusivas – deliberações que produzem vantagens especiais para um ou mais sócios ou terceiros em prejuízo de outros sócios ou de que resultam tão-só prejuízos para a sociedade ou alguns sócios), 83.º (o sócio com poder para designar ou fazer eleger membros dos órgãos de administração ou de fiscalização responde solidariamente com eles perante a sociedade ou os sócios quando tenha actuado culposamente na escolha dos mesmos; idêntica responsabilidade tem o sócio que, tendo poder para fazer destituir membros desses órgãos, os determine a praticar ou omitir actos com danos para a sociedade ou sócios), 180.º e 477.º (obrigação de os sócios de responsabilidade ilimitada não concorrerem com a sociedade), 181.º, 5, 214.º, 6, e 291.º, 6 (responsabilidade dos sócios que utilizem informações societárias de modo a prejudicarem injustamente a sociedade ou outros sócios), 242.º, 1 (um sócio de sociedade por quotas pode ser excluído judicialmente se tiver comportamento «desleal» ou gravemente perturbador e danoso para a sociedade), 251.º, 384.º, 6 (impedimento de voto quando os sócios se encontrem em situação de conflito de interesses com a sociedade).

54 *Grupos de Sociedades. Aquisições tendentes ao Domínio Total*

Mas o dever de lealdade dos sócios opera também *em situações não especificamente previstas na lei*. É dever de todo o sócio não aproveitar em benefício próprio as oportunidades de negócios da sociedade (*corporate opportunities, Geschäftschancen*). Actua, pois, ilicitamente o sócio que induz a contraparte da sociedade a passar a negociar com ele em lugar da sociedade, ou que, tendo conhecimento (por ser sócio) da possibilidade de a sociedade realizar um bom negócio, o realiza para ele[68]. É também dever de todo o sócio não impugnar judicialmente (com ou sem fundamentos legítimos) deliberações sociais, a fim de pressionar a sociedade ou (sobretudo) sócios dominantes a pagarem elevadas somas de dinheiro em troca da desistência da acção judicial[69]. É dever do sócio maioritário, ou de controlo ou dominante, não transmitir a sua participação social a terceiro «predador» (que pretende adquirir o controlo da sociedade para, por exemplo, a liquidar ou submetê-la a outra sociedade por si controlada)[70].

O escrito até aqui dá para perceber que o dever de lealdade dos sócios se manifesta em todos os tipos societários[71]. Mas dá para

---

[68] V., p. ex., M. LUTTER, «Theorie der Mitgliedschaft», *Archiv für die Civilistische Praxis*, 1980, p. 114, H.-G. KOPPENSTEINER, *GmbH-Gesetz Kommentar*, 2. Aufl., Orac, Wien, 1999, p. 555.

[69] O fenómeno dos «accionistas rapaces» tem tido bastas manifestações na Alemanha (sobretudo em matéria de oposição a fusões) – v., p. ex., M. LUTTER, «Die Treupflicht des Aktionärs», *Zeitschrift für das gesamte Handelsrecht und Konkursrecht* (ZHR), 1999, p. 466, H.HIRTE, «L'evoluzione del diritto delle imprese e delle società in Germania negli anni 1989-1993», *Rivista delle Società*, 1995, p. 191, ss., e K. SCHMIDT, *Gesellschaftsrecht*, 3. Aufl., Heymann, Köln, Berlin, Bonn, München, 1997, p. 595-596.

[70] V. M. STELLA RICHTER JR., «*Trasferimento del controllo*» *e rapporti tra socii*, Giuffrè, Milano, 1996, p. 323, ss..

[71] É assim também na Alemanha. Mas, durante muito tempo, o *Bundesgerichthof* admitiu a *Treupflicht* somente nas sociedades de pessoas, não a admi-

perceber também que o conteúdo e extensão do dever variam consoante o tipo societário e (sobretudo) a natureza mais personalística ou capitalística da concreta sociedade (de qualquer tipo), e a posição ou poder dos sócios. Com efeito, o dever é mais intenso e extenso nas sociedades de pessoas do que nas de capitais, é mais intenso e extenso para os sócios maioritários ou de controlo do que para os minoritários (ao «normal» accionista minoritário deve até reconhecer-se, em geral, o «direito ao desinteresse»[72]). Por exemplo, o impedimento de voto em situações de conflito de interesses toca todos os sócios em qualquer sociedade; o dever de não aproveitamento de *corporate opportunities* vale também para todos os sócios de qualquer sociedade (embora varie de sociedade para sociedade e segundo a posição ocupada pelos sócios o acesso à informação respeitante às oportunidades de negócios). Já a obrigação de não concorrência, ressalvados os casos em que decorra de cláusula estatutária (v. os arts. 209.º e 287.º do CSC), impende somente sobre os sócios de responsabilidade ilimitada. Por sua vez, o dever de não influenciar a administração da sociedade senão nos órgãos para isso apropriados incumbe aos sócios em sociedades de capitais; e são os sócios de controlo destas sociedades que não devem transmitir as participações de domínio a terceiros «predadores».

---

tindo, designadamente, nas sociedades anónimas (e a doutrina encontrava-se bastante dividida – v. indicações em W. ZÖLLNER, *Die Schranken mitgliedschaftlicher Stimmrechtsmacht bei den privatrechtlichen Personenverbänden*, Beck, München, Berlin, 1963, p. 336 n. (3)). Marcantes na viragem do Tribunal Federal foram as decisões de 5/6/75 (caso «ITT») – *Treupflicht* de sócio maioritário de sociedade por quotas –, de 1/2/88 (caso «Linotype») – *Treupflicht* de accionista maioritário –, e de 20/3/95 (caso «Girmes») – *Treupflicht* de accionista minoritário. Para uma breve visão de conjunto acerca desta evolução v. K. SCHMIDT, *ob. cit.*, p. 590, ss..

[72] Expressão (*Recht zum Desinteresse*) de WIEDMANN, recordada por LUTTER, *últ. ob. cit.*, p. 452.

A violação pelos sócios do dever de actuação compatível com o interesse social (ou, mais latamente, do dever de lealdade) é uma forma de antijuridicidade ou ilicitude. Com as consequências, portanto, dos comportamentos ilícitos. Que aqui se traduzem, por exemplo, na obrigação de indemnizar, consoante os casos, a sociedade e/ou sócios e na anulabilidade das deliberações (invalidados os votos inquinados pelo desrespeito do dever, cai a deliberação quando tais votos sejam necessários para formar a maioria exigida).

3.2. *Aquisições tendentes ao domínio total, dever de lealdade da sociedade dominante e comportamentos abusivos*

Segundo o art. 490.°, 1 a 4, recorde-se, uma sociedade (dominante) que detenha, directa ou indirectamente, participação correspondente a 90% ou mais do capital de outra sociedade (dependente) pode – por sua única vontade e iniciativa – tornar-se titular das participações pertencentes aos sócios minoritários da dependente (sócios «livres» lhes chama a lei, com involuntária ironia).

Este regime é jurídico-societariamente excepcional e é gravoso para os sócios minoritários, suscitando por isso perplexidades várias. Na verdade, um sócio minoritário – independentemente da sua vontade, sem ou contra a sua vontade – pode ver-se expropriado da participação social, privado da propriedade das suas quotas ou acções[73] – apropriadas pelo sócio maioritário-dominante – e excluído da sociedade[74].

---

[73] Sobre as participações sociais como objecto de direitos reais, incluindo a propriedade, v. COUTINHO DE ABREU, *Curso* cit., p. 342, ss..

[74] A exclusão em consequência de aquisição tendente ao domínio total não deve ser identificada com a exclusão de sócios propriamente dita (v. COUTINHO

*O carácter excepcional e gravoso daquele regime não é ate-
nuado pelo facto de em outros países existir disciplina algo similar.*
Tanto mais quanto é certo que esta disciplina (apesar de ser também
excepcional e gravosa) *se mostra em geral mais equilibrada* (nos
pressupostos e procedimentos) do que a do art. 490.° do CSC.[75]

Nalguns países, o direito de aquisição de participações minoritárias é atribuído *somente na sequência de uma oferta pública de aquisição de acções (OPA).* É assim na *Grã-Bretanha* desde 1948 (v. agora
as sec. 429, ss. do *Companies Act* de 1985, alterado em 1991) – quem
tenha adquirido em OPA pelo menos 90% das acções de uma sociedade pode adquirir as restantes; a pedido dos minoritários, *pode o tribunal não autorizar a aquisição, ou autorizá-la mas em termos diferentes* dos propostos pelo sócio dominante), na *Itália,* desde 1998
(quem tenha adquirido em OPA mais de 90% das acções tem direito
a adquirir as restantes se tiver declarado no documento da OPA a intenção de exercer tal direito; o preço de aquisição é fixado por um *perito
nomeado judicialmente* – v. art. 111, n.°s 1 e 2, do Dl. 24 febbraio
1998: «Testo único delle disposizioni in materia di intermediazione
finanziaria»), na *Suíça,* desde 1995 (o accionista que, no final de OPA,
disponha de mais de 98% dos direitos de voto, pode intentar *acção
judicial* contra a sociedade – acção em que os minoritários podem
intervir – a fim de obter uma declaração de perempção dos direitos de
participação inferiores a 2%, contra indemnização).[76]

DE ABREU, *últ. ob. cit.*, p. 430, n. 477). Mas é certo que tanto num caso como no
outro o sócio é forçado a sair da sociedade. E deve acrescentar-se que os pressupostos e o processo da saída são em geral mais exigentes (e mais garantísticos
do excludendo) na exclusão propriamente dita do que na exclusão por aquisição
tendente ao domínio total (v. *ibid.*, p. 425-438).

[75] Quase todos os dados de ordenamentos estrangeiros a seguir expostos
(bem como outros) podem ser lidos também *in* FORUM EUROPAEUM SUR LE DROIT
DES GROUPES DE SOCIÉTÉS, «Un droit des groupes de sociétés pour l'Europe»,
Revue des sociétés, 1999, p. 302, ss..

[76] Havemos de convir causar menos perplexidade o direito de aquisição
compulsiva de participações minoritárias em consequência de OPA – sobretudo

58   *Grupos de Sociedades. Aquisições tendentes ao Domínio Total*

Noutros países, o referido direito *não tem de estar ligado a um processo de OPA*. É assim na *Holanda*, desde 1988 (nas sociedades anónimas e por quotas, o sócio com participação correspondente a *95% ou mais* do capital social pode pedir *judicialmente* a aquisição das participações restantes, contra indemnização fixada por *três peritos nomeados pelo tribunal; este pode recusar a transferência das participações minoritárias se a mesma causar aos minoritários prejuízo material sério*, apesar da indemnização), na *Bélgica*, desde 1989 (nas *sociedades anónimas cotadas em bolsa* ou que tenham procedido a *emissões públicas de acções*, o accionista com pelo menos *95% dos votos* pode exigir a aquisição das participações minoritárias), na *França*, desde 1993 (nas *sociedades cotadas em bolsa*, um accionista com *95% ou mais dos votos* pode, com a *autorização da autoridade supervisora dos mercados financeiros*, realizar oferta de que resulte a aquisição compulsiva das participações minoritárias).[77]

Importa fazer uma referência especial à *Alemanha*. Este país e (depois e em menor medida) Portugal são os únicos na União Europeia com um direito (especial) codificado dos grupos de empresas – incluindo as relações de domínio total entre sociedades.

A *Aktiengesetz* de 1965 (várias vezes alterada) prevê no § 320 uma figura semelhante à aquisição tendente ao domínio total regulada nos citados preceitos do art. 490.° do CSC. É a anexação por deliberação maioritária (*Eingliederung durch Mehreitsbeschluss*). A assembleia geral de uma sociedade anónima pode deliberar a integração da sociedade numa outra sociedade anónima com sede no território nacional, quando esta (a futura sociedade principal) detenha *pelo menos 95% das acções* daquela (§ 320 (1)). Além desta deliberação (*Eingliederungsbeschluss*), é ainda necessária uma deliberação da assembleia geral da futura sociedade principal, tomada por

---

quando esta seja total e obrigatória. Causa menos estranheza que um sujeito obrigado a grande esforço financeiro por ter de realizar uma OPA tenha o direito de adquirir as participações minoritárias residuais. V. também *últ. ob. cit.*, p. 302.

[77] Já se reparou na juventude da grande maioria destas regulamentações?...

Respostas 59

maioria qualificada, aprovando a anexação (*Zustimmungsbeschluss*) – § 319 (2), para que remete o § 320 (1).

A direcção da futura sociedade principal deve elaborar um relatório justificando jurídica e economicamente a anexação e a indemnização oferecida aos sócios minoritários da sociedade dependente; este relatório, bem como o respectivo parecer de um ou mais peritos nomeados pela direcção da futura sociedade principal, deve poder ser consultado pelos sócios de ambas as sociedades antes da realização das assembleias gerais (§§ 319 (3), 320).

A indemnização dos sócios minoritários da anexada consistirá em *acções da sociedade principal*, a menos que esta seja, por sua vez, sociedade dependente – neste caso, cabe àqueles sócios escolher entre acções da sociedade principal e dinheiro (§ 320 b (1))[78].

Anotemos ainda um outro aspecto: a requerimento dos excluídos da sociedade anexada, *pode o tribunal determinar a indemnização adequada*, quando a sociedade principal tenha oferecido indemnização inadequada, não tenha oferecido qualquer indemnização ou a tenha oferecido de modo irregular (§ 320 b (2)).[79]

---

[78] Como se vê, *os accionistas excluídos da sociedade anexada não têm de deixar de ser accionistas – têm de continuar ou poderão continuar a ser accionistas da sociedade principal (e, enquanto sócios desta, continuarão ligados à sociedade dependente, de que eram sócios).*

[79] Depois de concluído o parecer, tomámos conhecimento de uma lei alemã publicada em 22/12/2001 regulando ofertas públicas de aquisição de valores mobiliários e de empresas. Além da chamada *Wertpapiererwerbs- und Übernahmegesetz* (WpÜG), a lei contém outros artigos alterando diversos diplomas. O art. 7 introduziu na AktG os §§ 327 a-327 f, sobre «exclusão de accionistas minoritários» (mas mantiveram-se os preceitos sobre a «anexação» – §§ 319--327). Segundo o § 327 a (1), a assembleia geral de uma sociedade anónima ou de uma sociedade em comandita por acções pode deliberar, a pedido de um accionista (que, ao invés do exigido na *Eingliederung,* não tem de ser sociedade nem tem de estar sediado na Alemanha) possuidor de 95% ou mais das acções da sociedade, a transferência das acções dos demais accionistas (minoritários) para aquele, contra uma adequada indemnização em dinheiro (e só em dinheiro – diferentemente do que se verifica na *Eingliederung*).

O carácter excepcional e gravoso do regime do art. 490.º também não é infirmado pelo facto de o direito das sociedades conhecer outros institutos em que, por deliberação maioritária, as participações sociais se convertem em outros bens ou se extinguem: fusão, cisão, transformação e dissolução de sociedades, amortização de quotas ou acções[80]. Há diferenças assinaláveis.

Nos citados três primeiros institutos, os sócios não deixam de sê-lo, ou não podem ser obrigados a deixar de o ser (ao contrário do que se passa ou pode passar na aquisição tendente ao domínio total, no respeitante aos sócios minoritários); *nenhuma participação é compulsivamente retirada a sócios para ser apropriada por outros sócios* (ao contrário do que se passa na aquisição tendente ao domínio total). Na *fusão*, os sócios das sociedades extintas tornam-se sócios da sociedade incorporante ou da nova sociedade (CSC, arts. 97.º, 4, 112.º, b)). Na *cisão*, os sócios da sociedade cindida tornam-se sócios da sociedade ou de sociedades beneficiárias (das partes patrimoniais advindas da cindida), de acordo com o estabelecido no projecto de cisão (CSC, arts. 120.º, 112.º, 119.º, f), 6.ª Directiva em matéria de sociedades – Directiva 82/901/CEE, de 17/12/1982 –, art. 17.º, 1, b)). Na *transformação*, a adopção do novo tipo societário não implica mudança no substrato pessoal nem (normalmente) no montante nominal das participações sociais (CSC, art. 136.º); podem é os sócios que não tenham votado favoravelmente a deliberação de transformação exonerar-se da sociedade, sair dela por sua iniciativa (art. 137.º).

---

[80] *V.* A. MENEZES CORDEIRO, «Da constitucionalidade das aquisições tendentes ao domínio total (artigo 490.º, n.º 3, do Código das Sociedades Comerciais)», BMJ n.º 480.º (1998), p. 26-27, e, desenvolvidamente, J. ENGRÁCIA ANTUNES, «O artigo 490.º do CSC e a lei fundamental – «Propriedade corporativa», propriedade privada, igualdade de tratamento», in FDUP, *Estudos em comemoração dos cinco anos (1995-2000) da Faculdade de Direito da Universidade do Porto*, Coimbra Editora, Coimbra, 2001, p. 217, ss..

A *dissolução* faz entrar a sociedade na fase de liquidação – fase em que todos os sócios se mantêm como tais. A sociedade é extinta com o registo do encerramento da liquidação (CSC, art. 160.°, 2), deixando então, naturalmente, de haver sócios – nenhuma participação social é retirada a sócios por efeito de apropriação por outro sócio (diferentemente do que se verifica na aquisição tendente ao domínio total).

A *amortização de quotas* e a *amortização de acções com redução do capital* traduzem-se na extinção de participações sociais (CSC, arts. 232.°, 2, 347.°, 2)[81] – que não podem, portanto, ser apropriadas por quem quer que seja (ao contrário do que se passa na aquisição tendente ao domínio total).

Diga-se também, já agora, que *as deliberações de fusão, cisão, transformação, dissolução ou amortização são anuláveis quando abusivas* (CSC, art. 58.°, 1, b))[82].

O escrito até aqui, se não dá para afirmar a desconformidade da norma do n.° 3 do art. 490.° do CSC com a norma do art. 62.°, 1, da CRP[83], dá seguramente para confirmar o *carácter excepcional* e *gravoso* do regime estabelecido no art. 490.°, 3, e, também por isso, para afirmar que *a sociedade dominante* que pretenda adquirir o domínio total da sociedade dominada *deve observar estritamente o seu dever de lealdade perante os sócios minoritários*. A estrita observância deste dever de lealdade (entre os sócios) mais se justifica pelo facto de a aquisição tendente ao domínio total permitida por aquele preceito legal implicar o sacrifício do interesse social: o interesse comum a todos os sócios (actuais) é sacrificado, os só-

---

[81] A amortização-reembolso de acções não extingue as mesmas – art. 346.°.

[82] Especificamente sobre deliberações abusivas na dissolução e na transformação, v. COUTINHO DE ABREU, *Do abuso...*, cit., p. 173, ss., 177-178.

[83] Não nos pronunciaremos sobre a questão da inconstitucionalidade daquela norma, dado não ter sido objecto da consulta.

cios minoritários são forçados a sair da sociedade, deixando de poder utilizá-la (também) em seu proveito.

Assim, *é ilícita a aquisição compulsiva de participações sociais tendente ao domínio total com desrespeito pelo dever de lealdade.* Mais delimitada ou precisamente, *é ilícita a aquisição abusiva,* operada com abuso do direito[84]. E *é abusiva a aquisição que, aparentando embora ser exercício do direito conferido pelo art. 490.°, 3, se traduz na não realização dos interesses de que esse direito é instrumento e na negação de interesses sensíveis de sócio minoritário da sociedade dominada; é abusiva tanto a aquisição emulativa – visa somente o prejuízo de sócio minoritário – como a aquisição que, podendo embora servir interesses legítimos do sócio dominante, cria escusadas desutilidades para o sócio minoritário (ponderados uns e outros interesses, conclui-se que os do sócio dominante não justificam o sacrifício dos do sócio minoritário, ou que os interesses do primeiro são prosseguíveis sem o sacrifício dos do segundo)*[85]. Ligando-nos mais à formulação do art. 334.° do CCiv., diremos ser abusiva a aquisição que exceda manifestamente os limites impostos pelo princípio da boa fé (princípio que impõe comportamento honesto, correcto ou leal, não defraudador da legítima confiança ou expectativa de terceiros) ou pelos fins do direito de aquisição tendente ao domínio total[86].

E quais *os interesses e finalidades de que o direito de aquisição atribuído pelo art. 490.°, 3, é instrumento?* A avaliar pelo que se tem dito e pelo que poderemos dizer, a resposta não se antolha nem imediata nem fácil.

---

[84] Aludimos no n.° anterior a comportamentos abusivos do sócio como manifestações da violação do dever de lealdade.

[85] Sobre os critérios do abuso do direito, v. COUTINHO DE ABREU, *Do abuso...,* p. 43, ss..

[86] Cfr. *últ. A.. e ob. cits.,* p. 55, ss..

Sem desprimor, pouco ou nada elucidam algumas achegas da Ré. É forçoso «admitir que o maioritário possa perder o interesse em continuar a partilhar o capital com minoritários» (art. 263.° da Contestação). A sociedade civil ou comercial (assente em comunhão de interesses) é já a sociedade leonina das fábulas (realizada a contribuição dos «fracos» para a actividade em comum, é legítimo o «rei» de uma qualquer selva perder o interesse em partilhar os ganhos com aqueles)? O mecanismo no art. 490.°, 3, é «sem qua[l]quer outra justificação que não a do interesse do próprio adquirente» das participações minoritárias (art. 271.° da Contestação). Um qualquer «interesse» do adquirente, incluindo a perda de interesse em continuar a partilhar?...[87] A «constituição de grupos societários constitui um meio de fortalecimento dos mercados, e da economia, em geral» (art. 549.° da Contestação). Ignora-se que nos países sem direito especial dos grupos se considera haver grupo de sociedades quando uma sociedade possui participações sociais correspondentes a 90% (e menos) do capital de outra sociedade? E que também entre nós se fala então em grupo de sociedades em sentido amplo? Por que fortalecem os grupos os mercados (por haver mais participantes no mercado)? Por que fortalecem eles a economia em geral?... «Constituindo, também, por essa mesma razão, um meio de potenciação da própria liberdade de iniciativa económica privada» (art. 550.° Contestação). Que o digam os sócios minoritários proibidos de continuar a participar na actividade económica desenvolvida pela sociedade de que são membros!

Também parece desajustado dizer-se que o art. 490.°, 3, tutela *interesses dos sócios livres* da sociedade dependente[88]. É o sócio

---

[87] Aliás, a própria Ré, nos arts. 543.°, ss. da Contestação, aponta outros interesses, inclusive interesses dos sócios minoritários!

[88] Dizem-no L. BRITO CORREIA, «Grupos de sociedades», in FDUCL/CEJ, *Novas perspectivas do direito comercial*, Almedina, Coimbra, 1988, p. 396-397 – mas considerando globalmente o art. 490.° –, MENEZES CORDEIRO, *ob. cit.*,

64   *Grupos de Sociedades. Aquisições tendentes ao Domínio Total*

dominante tutor de sócios minoritários, incapazes de cuidarem dos seus interesses? E para que servem os n.°s 5 e 6 do art. 490.°?...

Desajustado parece ainda dizer-se que o instituto da aquisição compulsiva pelo sócio dominante é *sucedâneo da dissolução total da sociedade dependente*: «no aspecto técnico, o instituto é, como a exclusão ou a amortização, um sucedâneo da dissolução total da sociedade. Dispondo de tão grande maioria na sociedade dependente, a sociedade dominante poderia dissolver aquela e liquidá-la, recebendo os sócios minoritários o valor correspondente às suas quotas ou acções. Avessa à dissolução total, que desperdiça o valor económico da sociedade, a lei também neste caso se inclina para uma dissolução parcial, atenuada, como nos outros referidos casos, pela aquisição da participação, mediante o valor que dessa dissolução resultaria»[89]. Uma sociedade não tem de dissolver-se pelo facto de ter um sócio largamente maioritário. Uma sociedade pode ser dissolvida por deliberação dos sócios (CSC, art. 141.°, 1, b)) – mas esta deliberação, vimo-lo já, pode ser abusiva (um sócio com maioria de votos suficiente não pode impor a dissolução com base em qualquer motivo). Por outro lado, é sabido que as deliberações de dissolução (legalmente) não exigem maiorias de 90% dos votos (cfr. o CSC, arts. 270.°, 1, 464.°, 1, 473.°, 1) – por que não, então, atribuir o direito de aquisição compulsiva a sócios com participações inferiores aos 90% estabelecidos no art. 490.°?... Por outro lado ainda, se se pretende evitar a dissolução total da sociedade dependente, como se compreende que o art. 489.°, 2, a), do CSC permita à sociedade totalmente dominante dissolver a sociedade dependente?!

---

p. 25 (embora o A. adiante outros interesses: o interesse geral e o interesse da sociedade dominante) e, como vimos, a Ré.

[89] RAÚL VENTURA, *Estudos vários sobre sociedades anónimas*, Almedina, Coimbra, 1992, p. 168. No mesmo sentido, v. ENGRÁCIA ANTUNES, *ob. cit.*, p. 219, bem como a Ré (art. 547.° da Contestação).

Mais razoável nos parece ver o instituto em causa a «permitir que a sociedade siga a sua vida sem os potenciais conflitos entre tão larga maioria e tão fraca minoria, designadamente que os interesses específicos desta minoria não se oponham à conjugação de interesses entre a sociedade dominante e a sociedade dependente»[90]. *Mas é preciso não exagerar os «potenciais conflitos», não perspectivá-los do ponto de vista de uma sociedade-sócia dominante fóbica ou com outras patologias.* Num juízo de prognose objectivo, aparecem *remotos tais potenciais conflitos* – exactamente por haver «tão larga maioria e tão fraca minoria». *Esta minoria não determina a designação dos membros da administração nem a gestão societária, nem determina o sentido das deliberações dos sócios. E os conflitos* (que não são ontologicamente um mal...) *têm soluções no direito.* Aliás, se a razão da lei fosse principalmente evitar os potenciais conflitos, por que não atribuiria ela o direito de aquisição compulsiva ao sócio com participação correspondente a 3/4 do capital social (nas sociedades por quotas) ou a 2/3 (nas sociedades anónimas) ou a menos ainda? Pois não são, em geral, mais esperáveis os conflitos quando existem «minorias de bloqueio»?... *Por outro lado: os sócios minoritários, enquanto eventual contrapoder* (ainda que fraco) interessado no andamento da sociedade, *não potencia a regularidade da vida societária?...* Por outro lado ainda: se o art. 490.°, 3, pretende sobretudo evitar potenciais conflitos, por que possibilita o art. 489.°, 2, b), e 4, c), que a sociedade totalmente dominante, logo depois de ter adquirido o domínio total, aliene quotas ou acções da sociedade dependente e faça terminar a relação de grupo?...

Pensamos que *a finalidade principal da norma do art. 490.°, 3, é promover a constituição de «grupos de direito», com a correspon-*

---

[90] RAÚL VENTURA, *ob. cit.*, p. 168; no mesmo sentido, v. J. ENGRÁCIA ANTUNES, *Os grupos de sociedades – Estrutura e organização jurídica da empresa plurissocietária*, Almedina, Coimbra, 1993, p. 730 (também a Ré, no art. 545.° da Contestação, cita Raúl Ventura).

dente disciplina: a sociedade totalmente dominante tem o direito de dar à administração da sociedade dependente instruções vinculantes, inclusive desvantajosas para esta (CSC, art. 503.º), mas, em contrapartida, a sociedade dominante é responsável pelas obrigações da sociedade dependente (art. 501.º)[91] – por remissão do art. 491.º. Nos «grupos de facto» (de subordinação) – correspondentes, *grosso modo*, às «sociedades em relação de domínio» (CSC, art. 486.º)[92] – as sociedades dominantes têm o «poder de facto» para darem instruções, inclusive desvantajosas, às administrações das sociedades dominadas – e a experiência demonstra que esse poder vem sendo exercido. Mas, segundo o direito societário geral, as sociedades dominantes não têm o *direito* de dar tais instruções – nem sequer por meio de deliberações dos sócios das dominadas: nas sociedades por acções as matérias de gestão competem essencialmente ao órgão administrativo (CSC, arts. 373.º, 2, 3, 405.º, 406.º)[93], e tanto nessas sociedades como nas sociedades por quotas não podem os sócios tomar deliberações atentatórias do respectivo interesse social (art. 58.º, 1, b)). E o CSC não sujeitou os «grupos de facto» a uma disciplina típica de «direito dos grupos»[94]. Ora, para promover «grupos de direito», atribui a lei às sociedades dominantes o referido direito de aquisição das participações minoritárias nas sociedades dominadas.

Sendo esta a finalidade primordial do n.º 3 do art. 490.º, *ela poderia (e deveria) ser alcançada por outras vias, sem passar pela exclusão dos sócios minoritários*. Designadamente, poderia estabelecer-se um regime de «relações de grupo» (direito de a sociedade dominante dar instruções vinculantes à sociedade dominada, pro-

---

[91] V. também os arts. 502.º e 504.º.

[92] Cfr. COUTINHO DE ABREU, *Da empresarialidade...*, p. 248-249, n. 646.

[93] É diferente a situação nas sociedades por quotas – art. 259.º.

[94] Criticámos já o facto – v. COUTINHO DE ABREU, *Grupos de sociedades e direito do trabalho* (sep. do vol. LXVI do BFD), Coimbra, 1990, p. 29-30.

tecção dos sócios minoritários e dos credores da dominada) para as relações em que uma sociedade possuísse noutra participações correspondentes a 90% ou mais do capital social[95]. Tanto mais quanto é certo que, no sistema do CSC, a relação de grupo não se extingue quando a sociedade totalmente dominante aliene participações na dependente que não ultrapassem o correspondente a 10% do capital desta (art. 489.°, 4, c))! Enfim, *impõe-se um especial cuidado, na análise dos casos concretos, para averiguar se os interesses prosseguíveis pela aquisição tendente ao domínio total são os prosseguidos pela sociedade dominante, ou se estes interesses são de tal monta que exigem a (gravosa e excepcional) expropriação dos sócios minoritários da sociedade dominada.*

Convém esclarecer um outro ponto. O direito de aquisição tendente ao domínio total de que tratamos é qualificável como *direito potestativo*. Desta qualificação não decorre que ele seja insindicável em termos de abuso do direito[96]. Ainda que nem todos os direitos potestativos sejam sindicáveis nesses termos[97], pensamos ter de-

---

[95] Um tanto na linha do que previa o primeiro anteprojecto de 9.ª Directiva em matéria de sociedades – cfr. ENGRÁCIA ANTUNES, *Os grupos de sociedades...*, p. 148, ss., COUTINHO DE ABREU, *Da empresarialidade...*, p. 249-250.

[96] Ao contrário do que parece pensar a Ré. «É que como bem resulta da expressão "aquisição compulsiva", encontramo-nos perante um verdadeiro direito potestativo» (art. 264.° da Contestação). «E que apenas vê o seu exercício condicionado nos termos prescritos no próprio Artigo 490.°» (art. 267.° da Contestação).

[97] Sobre a questão, v. COUTINHO DE ABREU, *Do abuso...*, p. 71, ss., 174, n. 405. Defendemos aí que nem em todos os direitos potestativos será possível intervir o abuso de direito «em sentido próprio». E citámos A. CASTANHEIRA NEVES, *Questão de facto – Questão de direito ou o problema metodológico da juridicidade*, I, Coimbra, 1967, p. 522, n. 38, afirmando a possibilidade de todo e qualquer direito ser exercido de modo abusivo e ser «este já hoje o sentido geral da doutrina»; neste mesmo sentido, citámos ainda F. CUNHA DE SÁ, *Abuso do direito*, Lisboa, 1973, p. 613, ss..

68 Grupos de Sociedades. Aquisições tendentes ao Domínio Total

monstrado ser irrecusável controlar a aquisição tendente ao domínio total por meio do abuso do direito.

Em 7/8/1962, o *Bundesverfassungsgericht* (tribunal constitucional alemão) julgou constitucional o normativo legal regulador de figura similar à da anexação por deliberação maioritária[98]. Em súmula, disse o tribunal: 1) O legislador ordinário, atendendo a importantes razões do bem comum, pode permitir que a protecção da propriedade dos accionistas minoritários fique atrás do interesse da colectividade num livre desenvolvimento da iniciativa empresarial em grupos de empresas (*Konzern*). 2) Todavia, é pressuposto para essa permissão que os interesses da minoria sejam acautelados: a) *os minoritários têm de ter a possibilidade de se oporem jurídico-eficazmente ao abuso do poder económico (do sócio maioritário)*; b) tem de haver providências que garantam plena indemnização dos sócios forçados a sair[99].

O § 329b (2) da *Aktiengesetz* exclui expressamente a anulabilidade com base no § 243 (2) – a que corresponde o art. 58.°, 1, b), do CSC – de deliberação de anexação tomada pelos sócios da sociedade dominada (*Eingliederungsbeschluss*). Mas já a deliberação da assembleia geral da futura sociedade principal aprovando a anexação (*Zustimmungsbeschluss*) é anulável com base naquele preceito (por abuso do direito)[100][101].

---

[98] A sentença pode ser lida na *Neue Juristische Wochenschrift*, 1962, p. 1667-1670.

[99] V. *loc. cit.*, p. 1668-1669.

[100] Cfr., p. ex., U. HÜFFER, *Aktiengesetz*, 3. Aufl., Beck, München, 1997, p. 1377.

[101] Quanto à nova figura do *Auschsluss von Minderheitsaktionären* (v. *supra*, n. 79), importa dizer que o direito do sócio maioritário (com 95% ou mais das acções) é também, segundo a generalidade dos autores, sindicável em termos de abuso do direito – v. indicações em K. HASSELBACH, in *Kölner Kommentar zum WpÜG*, Heymanns, Köln, Berlin, Bonn, München, 2003, anotações ao § 327 a AktG, p. 1439, s. (o A. é, por sinal, dos mais restritivos).

3.3. *A aquisição desleal-abusiva feita pela Ré*

3.3.1. *A vida da Ré*

Apesar da tenra idade, a Ré – «BBB II, S.G.P.S., S. A.» – já tem muito que contar.

– Nasceu em 24/7/1998 como sociedade unipessoal, constituída pela «LLL, S.G.P.S., S. A.» (abreviadamente LLL), com o capital mínimo então exigido (5.000 contos) – Doc. n.° 11.

– Não sabemos como viveu os primeiros meses. Segundo confissão da própria (Contestação, art. 30.°), a Ré, pelo menos em 1999, já não era sociedade unipessoal, tinha vários accionistas.

– No «ano de 1999 [sem indicação de mês e dia] a totalidade das acções representativas do capital social da R. foi transmitida [por venda, doação?...] pelos então accionistas para a Sociedade PPP, S.G.P.S., S.A.» (abreviadamente PPP) – Contestação, art. 30.°.

– Em 6/4/2000, a PPP continua única sócia da Ré (Doc. n.° 12).

– Em 5/5/2000, a assembleia geral da PPP delibera a manutenção do domínio total superveniente sobre a Ré (cfr. o art. 489.°, 2, c), e 6, do CSC) – Doc. n.° 13. Este domínio total mantém-se em 24/7/2000 (Doc. n.° 13).

– Em 22/9/2000, a PPP transmitiu («vendeu», diz a Ré) todas as acções que detinha na Ré a oito sociedades gestoras de participações sociais: LLL, «MMM-SGPS, S. A.» (abreviadamente MMM), «FFF, SGPS, S. A.» (abreviadamente FFF), «JJJ, SGPS, S. A.» (abreviadamente JJJ), «GGG, S. A.» (abreviadamente GGG), «KKK, SGPS, S. A.» (abreviadamente KKK), «III, SGPS, S. A.» (abreviadamente III), e «HHH, SGPS, S. A.» (abreviadamente HHH) – Contestação, arts. 31.° a 39.°.

– Em assembleia geral da Ré realizada em 20/10/2000, as referidas oito SGPS deliberaram aumentar o capital social da

Ré de 5.000 contos para 56.736.406 contos, por novas entradas em espécie a realizar exclusivamente por elas; cada uma das sociedades-sócias da Ré entraria com todas as acções que detinha na PPP (Doc. n.º 14).

– Em 6/11/2000 foi celebrada a escritura pública do aumento do capital social da Ré (Doc. n.º 10). E logo nesse mesmo dia foi o aumento registado (Doc. n.º 13).

– A partir desse dia 6/11/2000, a Ré passou a dispor de acções correspondentes a 97,39 % do capital da PPP (Doc. n.º 10, Contestação, art. 52.º).

3.3.2. *Aquisição pela Ré do domínio total da PPP («operação relâmpago»)*

– Em 7/11/2000 – logo no dia seguinte àquele em que alcançou a citada maioria de 97,39 % –, a Ré comunicou este facto à PPP (cfr. o art. 490.º, 1, do CSC) – Doc. n.º 25.

– Em 16/11/2000, o conselho de administração da Ré deliberou (em meia hora) fazer uma oferta de aquisição das acções dos sócios minoritários da PPP, mediante contrapartida (só) em dinheiro, e adquirir as acções dos sócios que não aceitassem tal oferta (cfr. o art. 490.º, 2 e 3, do CSC) – Doc. n.º 25.

– Em XX/YY/2000, no Diário da República, e 13/12/ /2000, no jornal FG, foi publicada a oferta de aquisição das acções dos sócios minoritários. A proposta de aquisição seria «válida pelo prazo de 6 dias, com início a 15 de Dezembro de 2000 e termo às 18 horas de 20 de Dezembro de 2000» (Doc. n.º 21).

– A Autora, em carta datada de 19/12/2000, comunicou ao conselho de administração da Ré que não aceitava aquela proposta de aquisição (Doc. n.º 22).

– Em 22/12/2000, a Ré outorgou escritura pública de aquisição das acções da PPP que ainda não possuía (Doc. n.º 23).

3.3.3. *As confessadas e não confessadas finalidades da aquisição*

A título preliminar, importa dizer que parecem ser detectáveis várias irregularidades procedimentais relacionadas com os factos há pouco cronicados e que ajudam a iluminar o sentido desses mesmos factos.

– Da singular história dos «lapsos» relativos à nomeação do ROC (que elaborou o relatório justificativo da contrapartida das acções) como Fiscal Único da Ré e à data aposta no relatório por ele elaborado falámos já (I, 1. e 2.).

– Do Doc. n.º 13 consta o registo da deliberação de manutenção do domínio total superveniente da PPP sobre a Ré. Mas não consta o registo do termo da relação de grupo – verificado em 22/9/2000 (cfr. o CSC, art. 489.º, 6, e o CRCom, art. 3.º, t)).

– Vimos que a Ré foi constituída em 24/7/1998 por uma SGPS (a LLL). Em 1999 (não sabemos a data precisa), a Ré tinha vários accionistas. Terá a LLL cumprido o comando do art. 5.º, 1, b), do DL 495/88, de 30 de Dezembro (sobre as SGPS)? Fazemos a mesma pergunta com respeito à PPP. Como vimos, esta SGPS terá adquirido em 1999 (não sabemos a data precisa) todas as acções da Ré; deliberou a manutenção do domínio total sobre a Ré em 5/5/2000 (cfr. CSC, art. 489.º, 2, c)); e alienou todas as acções que tinha na Ré em 22/9/2000.

– Vimos também que em 20/10/2000 os accionistas da Ré (as oito SGPS acima referidas) deliberaram aumentar o capital desta por novas entradas em espécie. Estas entradas tinham de ser verificadas nos termos dos arts. 89.º, 1, e 28.º do CSC. Diz a Ré (Contestação, art. 43.°) que para o efeito foi nomeado *um* ROC. Uma pergunta-pequena provocação (mas que consideramos estimulante): tendo em vista o art. 28.°, 1, do CSC (a verificação é feita por ROC «designado por deliberação dos sócios *na qual estão impedidos de votar os sócios que efectuam as entradas*»), como é que as oito accionistas designaram um único ROC para verificar a entrada de cada uma delas?... E foi o relatório do ROC registado e publicado (cfr. o art. 28.°, 6, do CSC)? Do Doc. n.° 13 nada consta.

Quais as finalidades perseguidas com o percurso recordado supra, nos n.°s 3.3.1. e 3.3.2., e que culminou na aquisição pela Ré do domínio total da PPP e na exclusão da Autora?

O (pouco) revelado por quem traçou aquele percurso é umas vezes inócuo, outras vezes totalmente improcedente, e sempre insuficiente para justificar a culminação.

Recordemos a assembleia geral da Ré realizada em 20/10/2000 para deliberar o aumento do capital social (Doc. n.° 14). Entre outras coisas (já transcritas supra, II, 1.), dizia-se na proposta do aumento do capital não estar em causa a «alteração dos centros de decisão fundamentais» do «Grupo» WWW; os objectivos do Grupo aconselhavam «intermediar» uma SGPS de controlo da PPP, detendo aquela «a maioria do capital desta última»; a Ré, «com a conclusão da operação de aumento de capital» desempenharia essa função.

A acta dessa assembleia regista curiosa intervenção de UUA (presidente do conselho de administração da KKK e da III, vice-presidente do conselho de administração da PPP, vogal do conselho de administração da Ré): parecia-lhe «que a intermediação de mais uma sociedade gestora de participações sociais na estrutura do Grupo poderá, na prática, acarretar uma maior complexidade no funcionamento das sociedades e dos seus processos decisórios. Assim, convidou os Accionistas presentes a assumir o compromisso de ajustamento ou alteração da estrutura ora proposta [*ilegível* – talvez «caso se»] venha a revelar que a sua execução na prática não corresponda aos objectivos traçados, compromisso esse que, na sua perspectiva, se augura necessário de molde a que não sejam comprometidos os objectivos do Grupo WWW». E os «Accionistas presentes declararam assumir o compromisso de acompanhar com sentido crítico o funcionamento, na prática, da nova estrutura proposta e de caso a mesma se vier [*sic*] a revelar desajustada aos objectivos pretendidos, proceder aos ajustamentos que se mostrem necessários».

Recordemos agora a reunião do conselho de administração da Ré (16/11/2000) em que foi deliberado fazer a oferta de aquisição (compulsiva) das acções dos restantes accionistas da PPP (Doc. n.º 25). Na proposta respectiva (afora o rememorar dos pressupostos formal-legais permitindo a operação) justificava-se assim, tão-só, aquela oferta: a aquisição tendente ao domínio total da PPP «era do interesse da sociedade» (Ré); «...e considerando ser do maior interesse da sociedade [Ré] propôs: (...)».

E que diz a Ré na Contestação?

Porquê transmitiu a PPP todas as acções que detinha na Ré para as referidas oito SGPS e porquê estas sociedades transferiram para a Ré todas as acções que detinham na PPP? Foi, diz a Ré, para «concluir uma estratégia de concentração *iniciada há anos* (...)» – art. 41.º (o sublinhado está na Contestação). «...esclareça-se desde já que a concentração de mais de 95% do capital da PPP na R. não surgiu por acaso, nem nunca ninguém pretendeu afirmá-lo» (art. 66.º). «É óbvio que tal concentração visou a reorganização do leque de accionistas da PPP, mas também visou, como não podia deixar de ser, a conclusão de uma estratégia de concentração há muito iniciada» (art. 67.º). «E que culminou com a aquisição, através do disposto no Artigo 490.º do CSC, da totalidade do capital da PPP» (art. 68.º).[102]

---

[102] Nos arts. 545.º, ss. da Contestação explanam-se outros interesses justificativos do regime do art. 490.º, 3, do CSC – mas em perspectiva geral-abstracta,

74 *Grupos de Sociedades. Aquisições tendentes ao Domínio Total*

Nada disto pode justificar minimamente a exclusão da Autora da sociedade PPP.

Dizer que a aquisição tendente ao domínio total da PPP pela Ré era «do interesse» desta ou «do maior interesse» da mesma é dizer (quase) nada. Qual interesse ou quais interesses?... E que interesses da Ré justificam o desprezo dos interesses da Autora, sua consócia na PPP? E o dever de lealdade da Ré para com a consócia?...

A Ré insiste na «estratégia de concentração». Ainda por cima «iniciada há anos», «há muito iniciada». Haverá aqui, com certeza, alguns equívocos.

É sabido que *as duas principais modalidades de concentração são a fusão (de empresas) e a aquisição de controlo (de uma ou mais empresas por outra ou outras empresas)*[103]. Ora, *não houve no caso em análise qualquer fusão. Nem qualquer substancial ou efectiva aquisição de controlo.* Com efeito, é fácil concluir do exposto *supra*, no n.° 3.3.1., que *as referidas oito SGPS, antes do aumento do capital da Ré, controlavam já a PPP* – dispunham de acções correspondentes a 97,39 % do capital desta sociedade. *Depois daquele aumento do capital, as oito SGPS continuaram a controlar a PPP. Só que agora por interposta pessoa (a Ré), pela «intermediária» Ré.* Não houve qualquer alteração real ou substancial de poder, não houve (nas palavras dos protagonistas do «Grupo WWW») qualquer «alteração dos centros de decisão fundamentais» do Grupo. O citado aumento do capital não visou nenhuma mudança efectiva de controlo, visou sim possibilitar que a Ré «intermediária» adquirisse o domínio total da PPP para impor a exclusão dos sócios minoritários[104].

---

sem aplicação ao caso concreto em análise (a isto, aliás, já nos referimos supra, no n.° 3.2.).

[103] Cfr., p. ex., o Regulamento (CEE) 4064/89 do Conselho, de 21 de Dezembro de 1989, art. 3.°, e o DL 371/93, de 29 de Outubro, art. 9.°. (A propósito, houve alguma notificação nos termos do art. 4.° do Regulamento ou do art. 7.° do DL?).

[104] Recorde-se o art. 68.° da Contestação.

Aliás, é importante não olvidar que as sociedades intervenientes nas operações acima descritas (as citadas oito SGPS, a Ré e a PPP) eram, antes e depois do aumento de capital da Ré, parte do chamado Grupo WWW. Circunscrevendo-nos ao universo dessas sociedades (e pondo aqui entre parêntesis a sistemática dos grupos de sociedades no CSC), *elas formavam um (sub-) grupo essencialmente de base pessoal-familiar – estavam sujeitas a uma direcção unitária e comum decorrente da larga comunidade ou entrelaçamento dos administradores.* Basta esta pequena amostra: TTA era presidente do conselho de administração da PPP, da MMM, da LLL, da Ré; UUA era vice-presidente do conselho de administração da PPP, presidente do conselho de administração da KKK e da III, vogal do conselho de administração da Ré; VVA era vice-presidente do conselho de administração da PPP, presidente do conselho de administração da HHH, vogal do conselho de administração da Ré; XXA era vogal do conselho de administração da PPP, vice-presidente do conselho de administração da JJJ, vogal do conselho de administração da Ré (v., além dos Docs. n.° 5, 14, 15, 16, 17, 18, 19, 20, 25, a Petição Inicial, arts. 84.°, ss., e a Contestação, art. 60.°). *E todas essas sociedades tinham a mesma sede*: Rua de X, 380, freguesia de YY, concelho de ZZ! Pois bem, também é sabido que *a reestruturação interna de um grupo de sociedades (em sentido amplo) não constitui operação de concentração*[105].

Diga-se ainda parecer sem sentido falar de *estratégia* de concentração «há muito», «há anos» iniciada. Recordemos tão-somente isto: a Ré nasceu na segunda metade de 1998 como sociedade unipessoal, era pluripessoal em 1999, neste ano voltou a ser unipessoal, em 2000 volta a ser pluripessoal; em 1999 e em 2000 a PPP dominou totalmente a Ré, em finais de 2000 a Ré dominava totalmente a PPP...

---

[105] Cfr., p. ex., a Comunicação da Comissão 98/C 66/02, JOCE, n.° C 66, de 2/3/1998, p. 7.

Apesar de *a Ré não conseguir mostrar finalidades que racio-nal-economicamente e juridicamente poderiam legitimar a aqui-sição* tendente ao domínio total da PPP, poder-se-ia alvitrar: a Ré tentou evitar «potenciais conflitos» entre ela e a Autora na PPP. Mas não foi assim. É a própria Ré que afirma: a Autora «*não era um ac-cionista que causasse qualquer espécie de conflitos*» (Contestação, art. 220.°). «E a sua participação [da Autora] *não era suficiente para influenciar, de que forma fosse, a gestão da sociedade* [PPP]» (Con-testação, art. 221.°). «Assim, e nessa perspectiva, *a R. não necessi-tava de adquirir as acções da A.*» (Contestação, art. 222.°; os itáli-cos são nossos). Desta vez, a Ré não poderia ter sido mais clara.[106]

Poder-se-ia ainda alvitrar: com a aquisição tendente ao domí-nio total, a Ré (e/ou as suas accionistas) pretendeu constituir um «grupo de direito», a fim de poder dar instruções vinculantes à administração da PPP e (sejamos generosos) responsabilizar-se pe-

---

[106] Mas poderia ainda alguém acrescentar: a Autora é concorrente da PPP e, enquanto sócia desta, poderá aceder a algumas informações no exercício do seu direito à informação. Bom, além de nada na lei obstar a que um accionista con-corra (lealmente) com a sociedade, a generalidade das informações a que a Autora pode aceder (algumas delas têm de ser, aliás, publicadas) não tem qual-quer relevância em termos concorrenciais (v. os arts. 288.°-290.° do CSC); por outro lado, os órgãos da PPP podem-devem recusar a informação solicitada pela Autora em alguns casos (arts. 288.°, 1, 290.°, 2, do CSC); por outro lado ainda, a «utilização, por qualquer accionista, de informações obtidas através do exercí-cio do direito de informação, para fins estranhos ao mesmo e com prejuízo da sociedade ou de outro accionista, constitui o infractor em responsabilidade, nos termos gerais, pelos danos que lhes causar e implica a amortização das acções por ele detidas» (art. 10.°, 1, do Estatuto da PPP). Sendo que «a contrapartida da amortização é o valor contabilístico das acções, apurado através do último ba-lanço aprovado»(art. 10.°, 4, do Estatuto da PPP) – e, como se sabe, este valor é normalmente inferior ao valor «real» das acções (v., p. ex., R. HÜTTEMANN, «Unternehmensbewertung als Rechtsproblem», ZHR, 1998, p. 563, ss.). Com desenvolvimentos sobre o direito dos sócios à informação, v. COUTINHO DE ABREU, *Curso...*, p. 251-266.

rante os credores desta. Mas não foi assim. Vimos há pouco (no ante-penúltimo parágrafo) que a PPP, bem como a Ré e as restantes oito SGPS, estava *sujeita a uma sólida e inquestionada direcção unitária e unívoca*. Por sua vez, se é verdade que a lei assegura a tutela dos credores das sociedades (totalmente) dependentes, é também verdade não ser difícil (no caso, pouco previsível, de a questão se pôr) *fazer responder a Ré – com mais de 97% das participações correspondentes ao capital da PPP – perante os credores desta*[107].

Portanto, *nenhum interesse fundante do direito de aquisição tendente ao domínio total foi realizado pela Ré, os limites impostos pelos fins de tal direito foram manifestamente excedidos pela Ré.*

A aquisição do domínio total da PPP pela Ré *apenas significou a negação de interesses consideráveis da Autora, da aquisição somente resultaram prejuízos sérios para a Autora – expropriada das suas acções, excluída da participação na sociedade que também era sua, impossibilitada de partilhar nos lucros da PPP e de mobilizar as acções na satisfação dos seus legítimos interesses.*

Assim, o julgador, olhando para o caso concreto (sem que caia na casuística) e para as normas do art. 490.°, 2 e 3, do CSC (sem submissão a um normativismo descarnado) não pode deixar de reconhecer que *a Ré violou o dever de lealdade entre os sócios*, que *a aquisição em causa foi abusiva – logo, nula*[108].[109]

---

[107] V., sobre este ponto, COUTINHO DE ABREU, *Da empresarialidade...*, p. 277-278, n. 721, *Curso...*, p. 179, n. 41, 181.

[108] Sobre as sanções para o abuso de direito, v. COUTINHO DE ABREU, *Do abuso...*, p. 76-77.

[109] Conforme escrevemos *supra*, no n.° 3.2., uma aquisição tendente ao domínio total, para ser abusiva, não tem de configurar o caso extremo da aquisição emulativa. Mas estamos em crer que há indícios bastantes para considerar abusivo-emulativa a aquisição em causa. Do processo que a ela conduziu falámos já; da ausência objectiva de interesses que a pudessem legitimar falámos também. Anote-se agora: a Autora (AAA, SGPS, S. A.) é controlada por AZZ (presidente do conselho de administração) e familiares; AZZ foi homem-forte do Grupo

4. Da admissibilidade do recurso ao tribunal para fixar o valor em dinheiro das acções adquiridas, condenando ao seu pagamento

A todo o direito corresponde a acção adequada a fazê-lo valer em juízo, excepto quando a lei determine o contrário. É o que resulta do n.° 2 do art. 2.° do CPC. A acção, ou, se se preferir, o direito de acção é «uma espécie de compensação pelo confisco, em nome do interesse público da paz social, da faculdade de acção directa»[110]. Trata-se, se bem vemos as coisas, de um direito subjectivo público, que tem por sujeito passivo o Estado; de um direito que é «independente da existência da situação jurídica para a qual se pede a tutela judiciária»[111].

Assim, se por um lado o Estado proíbe a autodefesa, por outro lado os particulares têm o direito de recorrer ao Estado para verem acautelados os seus direitos subjectivos. O direito de acção será assim o «direito, reconhecido aos particulares, de pretenderem a actividade jurisdicional do Estado»[112].

WWW, tendo sido, inclusive, membro do conselho de administração da PPP (Doc. n.° 5); em finais de 1995, deixou, por sua iniciativa, de exercer funções directivas no Grupo WWW e promoveu a constituição de empresas no sector da (...) (sector tradicional e forte do Grupo WWW), que depressa atingiram notável volume de negócios; a PPP é sociedade com as acções não cotadas em bolsa e de restrita base pessoal-accionista (seria grande ingenuidade acreditar que os administradores da Ré ou da PPP, etc., desconheciam que a AAA, SGPS, S. A. era accionista da PPP). Portanto...

[110] CASTRO MENDES, *Direito processual civil*, I, AAFDL, Lisboa, 1980, p. 126, que se referia ao «direito de acção». Para uma análise das várias posições acerca do sentido a dar à palavra acção (faculdade de estar em juízo, via de direito, elemento do direito subjectivo, etc.), cfr. ELIAS DA COSTA, *Código de Processo Civil anotado e comentado*, 1.° vol., I, Athena, Porto, 1972, p. 64, ss..

[111] LEBRE DE FREITAS, *Introdução ao processo civil*, Coimbra Editora, Coimbra, 1996, p. 79.

[112] UGO ROCCO, *Derecho Procesal Civil*, trad. espanhola, Porrua Hermanos, México, 1944, p. 142, autor que considera tratar-se de um direito público subjectivo.

Relembramos aqui o que escrevemos atrás. *É por a lei pressupor que a consignação em depósito referida no n.º 4 do art. 490.º do CSC será feita judicialmente que não prevê, para a oferta da iniciativa da sociedade dominante, o que prevê para os casos em que falta a oferta ou esta é considerada insatisfatória.* Diz, com efeito, o n.º 6 do art. 490.º do CSC que «na falta da oferta ou sendo esta considerada insatisfatória, o sócio livre pode requerer ao tribunal que declare as acções ou quotas como adquiridas pela sociedade dominante desde a proposição da acção, fixe o seu valor em dinheiro e condene a sociedade dominante a pagar-lho».

A lei não prevê expressamente o recurso ao tribunal para contestar o valor depositado, porque justamente conta com a realização de consignação em depósito judicial, a realizar nos termos do disposto nos arts. 1024.º e ss. do CPC. *No âmbito desse processo especial poderá o sócio livre contestar o valor da contrapartida oferecida pela sociedade dominante.*

Claro está que, se a sociedade dominante não realizou a consignação em depósito judicial, cai pela base o pressuposto de que parte a lei. E então o sócio minoritário poderá também recorrer ao tribunal para que este fixe o valor das acções ou quotas e condene a sociedade a pagar-lho. *O direito do sócio minoritário a uma justa contrapartida não pode deixar de ser acautelável judicialmente.*[113]

---

[113] Esta conclusão, além de confortada por vários contributos de direito comparado (basta ver os elementos que deixámos supra, no n.º 3.2.), encontra apoio também em outras normas do próprio CSC. É ver, por exemplo, os arts. 105.º, 2 (*in fine*) e 3 – para que remetem vários outros – e o art. 497.º, 1 (que ENGRÁCIA ANTUNES, *Os grupos de sociedades...*, p. 737-738, considera aplicável analogicamente nos casos de oferta de aquisição compulsiva de participações sociais lançada por sociedade dominante).

III
CONCLUSÕES

1.ª A exigência feita no n.º 2 do art. 490.º do CSC de que o relatório ali referido seja realizado por um ROC independente em relação a qualquer uma das sociedades interessadas existe, em primeiro lugar, para protecção dos interesses dos sócios minoritários da sociedade dependente. E por isso, a exigência em causa visa acima de tudo evitar uma coisa muito simples: que o ROC fique colocado numa situação de potencial conflito de interesses que ponha em risco a sua objectividade relativamente aos interesses dos sócios minoritários. Isto é, com aquela exigência pretende-se assegurar que o ROC não esteja em posição potencialmente lesiva, desde logo, dos interesses dos sócios minoritários;

2.ª Por essa razão, o ROC que desempenhar funções como ROC em sociedades sócias da sociedade dominante não pode elaborar o relatório referido no n.º 2 do art. 490.º do CSC, mesmo que não desempenhe funções na sociedade dominante ou na sociedade dominada;

3.ª Por aquela razão também, o ROC que desempenhar funções como ROC em sociedades sócias da sociedade dominada não pode elaborar o aludido relatório;

4.ª Mesmo que se entenda que a letra do n.° 2 do art. 490.° do CSC não cobre as hipóteses acima referidas, não temos dúvidas em sustentar que se impõe para elas a extensão teleológica daquela norma, para evitar as aludidas situações de potencial conflito de interesses;

5.ª A aquisição das participações sociais dos sócios minoritários em que a contrapartida paga não é justificada pelo relatório de um ROC *independente* é uma aquisição nula por violar norma legal imperativa;

6.ª A sociedade dominada (a PPP) não era uma sociedade aberta, pelo que a consignação em depósito de que trata o n.° 4 do art. 490.° do CSC deve ser judicial e, portanto, feita de acordo com o disposto nos arts. 1024.° e ss. do CPC;

7.ª A exigência de consignação em depósito da contrapartida, feita pelo n.° 4 do art. 490.° do CSC, é claramente imperativa, consagrando-se ali uma inequívoca proibição de que a escritura de aquisição se faça sem essa consignação em depósito;

8.ª Como a Ré «consignou em depósito» no RRR, Banco, S. A., a contrapartida das acções adquiridas, a conclusão só pode ser: a aquisição de acções da PPP realizada pela escritura lavrada em 22/12/2000 no Primeiro Cartório Notarial de ZZ é nula. Nulidade essa que é do conhecimento oficioso do Tribunal;

9.ª Os sócios devem actuar – procurando satisfazer os seus próprios interesses – dentro do campo delimitado pelo interesse social e por interesses dos outros sócios ligados à sociedade, não podendo, pois, ultrapassar ou sacrificar estes outros interesses;

10.ª O conteúdo e extensão do dever de lealdade variam consoante o tipo societário e (sobretudo) a natureza mais personalística ou capitalística da concreta sociedade (de qualquer tipo), e a posição ou poder dos sócios;

11.ª Aquele dever é mais intenso e extenso nas sociedades de pessoas do que nas de capitais, é mais intenso e extenso para os sócios maioritários ou de controlo do que para os minoritários;

12.ª A violação pelos sócios do dever de actuação compatível com o interesse social (ou, mais latamente, do dever de lealdade) é uma forma de antijuridicidade ou ilicitude;

13.ª O regime contido no art. 490.º, 1 a 4, do CSC, é jurídico societariamente excepcional e é gravoso para os sócios minoritários;

14.ª A sociedade dominante que pretenda adquirir o domínio total da sociedade dominada deve observar estritamente o seu dever de lealdade perante os sócios minoritários;

15.ª A estrita observância deste dever de lealdade (entre os sócios) mais se justifica pelo facto de a aquisição tendente ao domínio total permitida por aquele preceito legal implicar o sacrifício do interesse social: o interesse comum a todos os sócios (actuais) é sacrificado, os sócios minoritários são forçados a sair da sociedade, deixando de poder utilizá-la (também) em seu proveito;

16.ª Assim, é ilícita a aquisição compulsiva de participações sociais tendente ao domínio total com desrespeito pelo dever de lealdade; é ilícita a aquisição abusiva, operada com abuso do direito;

17.ª E é abusiva a aquisição que, aparentando embora ser exercício do direito conferido pelo art. 490.º, 3, se traduz na não realização dos interesses de que esse direito é instrumento e na negação de interesses sensíveis de sócio minoritário da sociedade dominada; é abusiva tanto a aquisição emulativa – visa somente o prejuízo de sócio minoritário – como a aquisição que, podendo embora servir interesses legítimos do sócio dominante, cria escusadas desutilidades para o sócio minoritário;

18.ª Noutra formulação, será abusiva a aquisição que exceda manifestamente os limites impostos pelo princípio da boa fé ou pelos fins do direito de aquisição tendente ao domínio total;

19.ª A finalidade principal da norma do art. 490.º, 3, é promover a constituição de «grupos de direito», com a correspondente disciplina;

20.º O direito de aquisição tendente ao domínio total de que tratamos é qualificável como direito potestativo, mas desta qualificação não decorre que ele seja insindicável em termos de abuso do direito;

21.º Qualquer das finalidades da aquisição tendente ao domínio total confessadas pela Ré («interesse da Ré», «estratégia de concentração», etc.) ou é inócua ou é totalmente improcedente, não justificando minimamente a exclusão da Autora;

22.º O aumento de capital da Ré visou possibilitar que esta adquirisse o domínio total da PPP para impor a exclusão dos sócios minoritários;

23.º A Ré não realizou qualquer interesse fundante do direito de aquisição tendente ao domínio total, tendo excedido de forma manifesta os limites impostos pelos fins de tal direito;

24.º A aquisição do domínio total da PPP pela Ré apenas significou a negação de interesses consideráveis da Autora; dela somente resultaram prejuízos sérios para a Autora;

25.º Assim, a Ré violou o dever de lealdade entre os sócios, pelo que a aquisição das acções da PPP por ela realizada invocando o disposto no art. 490.º, 2 e 3, do CSC, é abusiva – logo, nula.

ÍNDICE GERAL

NOTA DE APRESENTAÇÃO... 5

I – CONSULTA.. 7

II – RESPOSTAS 13

1. **A falta de independência do ROC**...................................... 13
2. **A consignação em depósito deve ser judicial** 29
3. **O comportamento abusivo da Ré**....................................... 48
   - 3.1. *Sobre o dever de lealdade dos sócios*........................... 48
   - 3.2. *Aquisições tendentes ao domínio total, dever de lealdade da sociedade dominante e comportamentos abusivos*.................. 56
   - 3.3. *A aquisição desleal-abusiva feita pela Ré* 69
   - 3.3.1. *A vida da Ré* 69
   - 3.3.2. *Aquisição pela Ré do domínio total da PPP («operação relâmpago»)*.. 70
   - 3.3.3. *As confessadas e não confessadas finalidades da aquisição* .. 71
4. **Da admissibilidade do recurso ao tribunal para fixar o valor em dinheiro das acções adquiridas, condenando ao seu pagamento**.......... 78

III – **CONCLUSÕES**.. 81